4,–

Kern/Kertelhein

Mit Kindern unterwegs

Im Odenwald

Fleischhauer & Spohn Verlag

Titelbild: Das Titelbild wurde im Amorbacher Seegarten aufgenommen

Bildnachweis: Bilder im Kapitel 13: „Küche“: Achim Ulrich, Walldürn. „Kind am Brunnen“: Archiv Odenwälder Freilandmuseum. Alle weiteren Aufnahmen stammen von den Verfassern. Skizze im Kapitel 19: Arne Kertelhein

Die Kartenskizzen im Text und auf der Umschlagsseite wurden von Rainer Wittner, Gestaltung, Goethestraße 101, 67435 Neustaadt, angefertigt

Umschlaggestaltung,
Layout und Kartenskizzen: Rainer Wittner, 67435 Neustadt

Gesamtherstellung: Laub GmbH & Co., 74834 Elztal-Dallau
ISBN: 3-87230-544-1

Inhalt

Inhalt

Geleitwort

Wandern mit Kindern im Odenwald

Der Odenwald, in alten Wanderführern als das „lieblichste Gebirge Deutschlands“ bezeichnet, zählt zu unseren abwechslungsreichsten Mittelgebirgen. Viele Wanderer sind aufgrund der Vielfalt der Landschaften nachhaltig beeindruckt.

Mit Höhen bis 600 m, herrlichen Aussichtspunkten und einem geologisch begründeten vielseitigen Landschaftsbild lädt der Odenwald als „Inbegriff des deutschen Waldes“ jeden zum Wandern ein. Letzteres gilt gleichermaßen für Erwachsenen und Kinder.

Der „sagenhafte Odenwald“, einst Jagdrevier der Nibelungen, bietet mit seinen Wäldern, stillen Wiesentälern, schmucken Dörfern und Städtchen Grundlage für Erholung und Entspannung. Traditioneller Brauchtum und intakte Landschaft geben besonders bei Kindern die Voraussetzung, Natur und Geschichte spielend zu erleben.

Der Odenwaldklub, als regional zuständiger Gebietswanderverein, begrüßt die Herausgabe jedes Wanderführers, insbesondere wenn er die Belange und Interessen von Kindern und Jugendlichen berücksichtigt.

Karl Ph. Kreim
Vorsitzender des
Gesamt- Odenwaldklub

Der gelehrte Geograph Sebastian Münster urteilte 1550 folgendermaßen: „*Der Otenwald ist fast allenthalben rauch* (rauh) *und birgig mit eitelen wälden überzogen, wie wol er an manchem ort hübsche und fruchtbare thäler hat do man frucht gnüg pflantzen mag. ... Er ist zimlich wol nach seiner gelegenheit erbauwen mit stetten, flecken, und klöstern ...*" Wir werden bald feststellen können, daß sich daran seitdem nicht allzuviel geändert hat und der Odenwald somit ein ideales Wandergebiet darstellt.

In Werbeprospekten wird der Odenwald gern mit dem germanischen Kriegsgott Odin in Verbindung gebracht, obwohl es für diese Namensableitung keinen stichhaltigen Beweis gibt. Auch Sebastian Münster wunderte sich bereits über den Namen: „*Warumb aber dise landschafft der Otenwald heißt, hab ich eigentlichen nit mügen erfaren. Der namm zeigt an ein fürsten der Ott hab geheissen, und dise landschafft besessen, wiewol man nichts darvon geschriben findt. Es mag auch sein das diser namm do här erstanden sey, das es ein öd unn rauch* (rauh) *land ist, so man es vergleichen wil andern ländern.*"

Heute präsentiert sich die einst „öde" und „rauhe" Gegend als waldreiches und reizvolles Mittelgebirge, in dem es eine Fülle von schönen Städten und Dörfern mit ihren Museen, Burgen und sonstigen interessanten Sehenswürdigkeiten zu entdecken gibt. Die Touren haben wir so verteilt, daß der Wanderer die gesamte landschaftliche Vielfalt des Odenwalds kennenlernen kann. Wir erklimmen die höchsten Berge und durchwandern abgelegenste Täler, machen bekannt mit Natur, Geologie und Geschichte und führen auf die Spuren von Sagen und Legenden.

Damit auch Spiel und Spaß für die Kinder nicht zu kurz kommen, finden sich unterwegs manche Spielplätze, Wildgehege oder tolle Kletterfelsen. Eine besondere Abwechslung für die Kinder ist ein Ausflug mit Freunden. Wenn zwei Familien gemeinsam losziehen, kann Langeweile eigentlich von vornherein ausgeschlossen werden.

Bei dieser Gelegenheit möchten wir uns auch bei unseren Odenwälder Freunden und Bekannten bedanken, die uns mancherlei Anregungen und Tips gaben und auch manches Mal bei den Wanderungen dabei waren.

Viel Spaß im *Odenwald* wünschen

Katja Kern und Arne Kertelhein

Rund um die Veste Otzberg

Am Nordrand des Odenwalds erhebt sich auf einem Bergkegel vulkanischen Ursprungs weithin sichtbar die Veste Otzberg. Erste Teile dieser Burganlage wurden schon im 12. Jahrhundert von den verwaltenden Pfalzgrafen zum Schutz ihrer Ländereien errichtet, welche sie von der Abtei Fulda zu Lehen erhalten hatten. Im 30jährigen Krieg wurde die Burg monatelang von den Bayern belagert und mußte schließlich kapitulieren. Im 18. Jahrhundert hatte sie dann keine militärische Bedeutung mehr und wurde fortan als Staatsgefängnis und Pulvermagazin benutzt. Das abwechslungsreiche Landschaftsbild wird hier von Feldern, Weiden und Streuobstwiesen geprägt. Nur eine kurze Strecke von etwa einem Kilometer wird uns heute durch den Wald führen.

Wenn wir mit dem Zug angereist sind, wandern wir zunächst vom etwas außerhalb gelegenen Bahnhof nach *Lengfeld* hinein. Dabei kommen wir an manchem stattlichen Bauerngehöft vorbei. Hinter der Kirche biegen wir nach links ab. Auch in dieser Straße finden sich viele große Hofeinfahrten und repräsentative Herrenhäuser, die sich nicht mit den typischen Kleinbauernhöfen des Odenwalds vergleichen lassen. Die wohlhabenden Besitzer solcher großen Hofanlagen wurden deshalb im Volksmund auch spöttisch als „Manschettenbauern" oder „Rübenbarone" bezeichnet.

Am Ende der Straße wenden wir uns kurz nach links und gelangen dann auf der rechts abzweigenden „Heierngasse" wieder aus Lengfeld hinaus. Ein schattiger Hohlweg erreicht erst nach einigen hundert Metern wieder das Niveau der umliegenden Felder. Solche tief eingeschnitten Wege finden sich am Nord- und Westrand des Odenwalds recht häufig. Die von der Erosion ausgespülten Schluchten bieten vielen Kleintieren wie Insekten, Eidechsen und Vögeln einen geschützten Lebensraum.

Rechts von uns erhebt sich über den Feldern auf einem baumbestandenen Bergkegel schon deutlich die Veste Otzberg. Wenn wir im September unterwegs sind, so werden am Wegesrand sicher schon viele dunkle Brombeeren reif sein, die wir entweder als Wegzehrung in den Mund stecken, oder aber auch, wie die Kinder früher, in Milchkannen mit nach Hause bringen können, wo wir dann eine leckere Marmelade davon kochen.

In der kleinen Ortschaft *Zipfen* überqueren wir bei der ehemaligen Ziegelhütte die Hauptstraße und folgen dann dem Schild in Richtung Otzberg. Eine kleine Steintafel am hier liegenden Gehöft erinnert an die Gründung des Odenwaldklubs im Jahre 1882, welchem wir heute so viele markierte Wanderwege zu verdanken haben. Damals befand sich in dem Haus eine beliebte Gaststätte.

Nach nur wenigen Schritten biegen wir nach links in die „Forsthausstraße“ ab, um aber schon nach 50 Metern auf der rechten Seite „Theodor Beckers Wiesenpfad“ einzuschlagen. An seinem Ende beginnt dann der Wald. Einige Meter rechts von uns zweigt linkerhand ein schmaler Waldpfad ab, welcher mit der *gelben 1* der Rundwanderwege markiert ist und uns parallel zur Straße verlaufend zu einem *Naturpark-Parkplatz* führt, welcher von den Autofahrern unter unseren Lesern angesteuert werden sollte. Hier befindet sich einer der tollsten Spielplätze des ganzen Odenwalds, so daß jetzt wohl eine längere Pause eingelegt werden muß. Man kann hier auch schön rasten, ein Feuer entfachen und sogar grillen. Mit etwas Glück kommt an einem heißen Tag der Eiswagen vorbei.

Eine Tafel des Odenwaldklubs zeigt mehrere markierte Rundwege, die hier am Parkplatz beginnen. Da es uns sehr wundern sollte, wenn die Kinder nicht darauf bestehen sollten, bald wieder einmal zum Spielen hierherzukommen, können wir diese dann vielleicht auf einem der nächsten Ausflüge erkunden.

Beim Parkplatz überqueren wir die Straße in Richtung auf den Otzberg zu und wandern einen Feldweg links vor dem Sportplatz entlang. Auf ihm kreuzen wir einen befestigten Weg und kommen bald zu einer *Teichanlage* rechts des Weges. Die Veste Otzberg ist dabei immer rechts von uns zu sehen. Wir überqueren hier die Asphaltstraße und folgen dem nächsten Feldweg nach rechts auf die ersten Häuser von Otzberg-Hering zu. Dort angekommen wenden wir uns gleich nach links und wandern einige Zeit an einer langen und breiten Feldhecke entlang. Hier wachsen vor allem wilde Rosen, Brombeeren, Schlehen und Weißdorn. Das dichte und überwiegend dornige Heckengebüsch bietet vielen Tieren inmitten der landwirtschaftlich genutzten Ackerflächen einen letzten Lebensraum. Am Boden wohnen Hasen, Igel, Mäuse und vieles andere kleine Getier, weiter oben im Gezweig tummeln sich Spinnen, Raupen und Vögel, die hier ihre Nester bauen und Nahrung finden. Von den höchsten Ästen halten die Raubvögel nach Beute Ausschau. Sicher werden wir bei genauer Suche auch das eine oder andere Tierchen entdecken können. Wenn wir auf Dornen gespießte kleine Tiere wie Frösche oder Grashüpfer finden, haben wir das Werk des recht seltenen Neuntöters vor uns, der so seine Vorräte aufbewahrt, weswegen ihm wohl auch der blutrünstige Name verpaßt wurde.

Vor uns sehen wir in der Ferne die hohen Bergrücken der Nonroder Höhe liegen. Ein wenig bergauf und bergab umrunden wir so den

Veste Otzberg

Otzberg, welcher ähnlich dem Katzenbuckel am Neckar (siehe Kapitel 22) vulkanischen Ursprungs ist, und nähern uns langsam der Burg. Nach ungefähr 300 Metern führt uns ein sandiger Feldweg steil den Abhang hinab. Jetzt wandern wir an Pferdekoppeln vorbei auf ein *Gestüt* zu, bei dem wir uns dann nach rechts wenden und auf den Burgberg zu marschieren. Im Ort angelangt folgen wir der Straße noch ein wenig geradeaus und biegen dann die dritte Straße nach links ab. Sie heißt „Im Finkenhäuschen" und mündet auf die Straße „Zum Bergfried", welcher wir nach rechts folgen. Nach nur 50 Metern biegen wir scharf nach links in den „Burgweg" ein, welcher zur Veste hinaufführt. Hier befindet sich ein kleiner Parkplatz, an dessen Ende der vulkanische Säulenbasalt eindrucksvoll zutage tritt.

Der Weg führt uns nun fast einmal um den Berg herum. Schon bald sehen wir rechts die ersten hohen Festungsmauern. Über den aufgeschütteten Burggraben gelangen wir gleich durch das ehemalige Zugbrückentor in den Burghof der **Veste Otzberg**. Am Tor sind noch die eisernen Rollen zum Aufholen der Brücke vorhanden. Rechts neben der Brücke befindet sich ein Ausguck für die Torwächter.

Vor dem links hinter dem Tor gelegenen Brunnenhaus zeigt uns ein Plan den Grundriss der Burganlage. Der Burgbrunnen wurde im Jahre 1510 fast 80 Meter tief in den Felsen geschlagen. Ein Tretrad erleichterte das Heraufziehen der Wassereimer aus dieser großen Tiefe. Wenn wir uns von hinten an die Fenster des Häuschens heranpirschen können, bietet sich ein ganz guter Blick ins Innere, welches wegen Baufälligkeit momentan nicht zugänglich ist.

Im gegenüberliegenden Kommandantenhaus befindet sich die Burgschenke, welche allerdings erst abends öffnet (Montag Ruhetag).

In dem ehemaligen Wohngebäude der Burg ist heute die *Sammlung zur Volkskunde in Hessen* untergebracht. Neben vielen hessischen Trachten und einer umfangreichen Keramiksammlung sind für Kinder vor allem die alten Zinnfiguren interessant, mit welchen sich die Urgroßeltern in ihrer Kindheit fremde Welten wie Afrika oder die Polarregionen, oder aber auch den Zirkus, das Dorfleben oder das bunte Jahrmarktstreiben zum Spielen ins Kinderzimmer holten. Obwohl die Menschen bei den kleinen Figuren meist nur 3 Zentimeter groß sind, so sind sie aber doch bis in alle Details kunstvoll bemalt. Ferner zeigt das Museum neben Handwerksecken einige ländliche Zimmereinrichtungen sowie einen kleinen Tante-Emma-Laden und eine alte Dorf-Apotheke.

Natürlich erklimmen wir auch den gedrungenen Bergfried, welcher im Volksmund „Weißrüb“ genannt wird, um den weiten Blick über das Land auf die Odenwaldhöhen und den Spessart geniessen zu können. Am Ende der Holztreppe sieht man deutlich die enorme Wandstärke des Turms von etwa 3 Metern. Anschließend gelangen wir durch einen abenteuerlichen Wendelgang auf die Aussichtsplattform, wo wir für unsere Mühen angemessen entlohnt werden. Im Norden können wir bei guter Sicht die Skyline von Frankfurt ausmachen. Mit einem Fernglas ausgestattet läßt sich alles natürlich noch viel genauer sehen.

Nach der Burgbesichtigung können wir auf dem Wallgrabenrundweg um die Festung herumwandern. Beim Anblick der hohen, glatten Wände der äußeren Burgmauern können wir uns sicher vorstellen, daß es früher nahezu unmöglich war, diese Burg einzunehmen.

Anschließend gelangen wir auf dem Treppenweg vor dem Burgtor in den Ort. An der Kirche und dem alten Rathaus vorbei kommen wir zu dem zentral gelegenen Brunnen von 1594, der heute allerdings nur noch als Blumentrog dient. Hier können wir einen kurzen Abstecher geradeaus zum *Burgmannenhaus* machen.

Danach halten wir uns beim Brunnen abwärts und biegen in die erste Straße nach links ab, welche „Zinselsgasse“ heißt. Am Ende des Ortes wandern wir auf dem Feldweg geradeaus weiter, am ersten Baum sind hier der Kuhgraben und Lengfeld, welches wir schon rechts unter uns liegen sehen, mit 30 Minuten ausgeschildert. Der Weg wird von einem *roten Quadrat* begleitet.

Der Weg führt durch eine wellige Landschaft aus Wiesen, Hecken, kleinen Wäldchen und Streuobstwiesen. Vorbei am Wasserspeicher beim Kuhgraben kommen wir dann auf einem asphaltierten Weg nach *Lengfeld.* Wir gelangen direkt auf die „Otzbergstraße", welcher wir in Richtung auf den weithin sichtbaren Kirchturm folgen. Vorbei an manchem großen Bauerngehöft gelangen wir bald zum alten *Rathaus,* welches mitten auf der Straße steht, da die Dorfstraße früher durch seine offene Halle hindurchführte. Heute hat das **Museum Otzberg** hier seine umfangreiche Spielzeugsammlung untergebracht, welche unter anderem aus Puppenküchen, Kaufläden und Trachtenpuppen besteht.

Auf den Feldern bei Lengfeld landete übrigens vor über 200 Jahren das vermutlich erste Flugobjekt im Odenwald, ein bei Darmstadt gestarteter, natürlich noch unbemannter Heißluftballon. Die herbeigeeilten Einwohner hielten ihn zunächst für einen Drachen und rissen ihn nach seiner Landung in Fetzen.

Während die Bahnreisenden nun schon am Ende ihrer Wanderung angelangt sind, folgen die Autofahrer von der Kirche aus dem oben beschriebenen Weg zum Waldparkplatz.

i

Wie kommt man zur Veste Otzberg?
Lengfeld liegt an der Bahnstrecke Darmstadt-Erbach. Mit dem Auto können wir direkt zum Parkplatz bei Otzberg-Hering an der Straße Lengfeld-Zipfen-Hassenroth fahren und die Tour von dort beginnen. Der Parkplatz ist ausgeschildert.

Weglänge: ca. 8 km

Die Burganlage selbst ist frei zugänglich.

Sammlung zur Volkskunde in Hessen - Museum Otzberg

Öffnungszeiten:	mittwochs und samstags	14.00 - 17.00 Uhr
	sonntags	10.00 - 17.00 Uhr
Eintritt:	Erwachsene	DM 3,00
	Kinder bis zu 12 Jahren	frei

Das Museum bietet auch besondere Aktionen für Kinder an, etwa das „Museumsdetektiv-Spiel" oder eine spannende Burgbelagerung. Kosten der Kinderaktion DM 2,00 je Kind und Begleitperson.
Genauere Informationen hierzu bitte im Museum erfragen.

Auskünfte:	Museum Otzberg Veste Otzberg 64853 Otzberg Telefon 0 61 62/7 11 14 oder 7 33 25

Spielzeugmuseum Lengfeld

Öffnungszeiten:	jeden ersten Sonntag im Monat	14.00 – 17.00 Uhr
Eintritt:	Erwachsene	DM 2,00
Auskünfte:	Museum Otzberg (siehe oben)	

Einkehrmöglichkeiten: Burgschenke Otzberg ab 18.00 Uhr (Montags Ruhetag) sowie verschiedene Möglichkeiten in Otzberg-Hering und Lengfeld.

Besonderes:
Im Frühjahr findet im Museum Otzberg an den 4 Wochenenden vor Ostern ein überregional bekannter Ostermarkt mit künsterlisch gestalteten Ostereiern aus aller Welt statt. Im Winter wird an den Adventswochenenden zum Weihnachtsmarkt geladen. Wegen des großen Andrangs empfehlen wir den Besuch auf den Samstag zu legen.

Kartenempfehlung:
1 : 50 000 Hessisches Landesvermessungsamt
TF 50-2 Naturpark Bergstraße-Odenwald Nordost

Wanderung zum Breuberg

Das malerisch auf einem Bergsporn über dem Tal der Mümling gelegene „Hohe Haus Breuberg" gehört mit zu den besterhaltenen und eindrucksvollsten Burganlagen Deutschlands und wird seit 800 Jahren ununterbrochen bewohnt. Die alte Kernburg wurde im 12. Jahrhundert von den zur Verwaltung eingesetzten Vögten der Abtei Fulda errichtet, welche sich bald nach dem Namen des Bergs „Herren von Breuberg" nannten. In den folgenden Jahrhunderten wurde die überdurchschnittlich große Anlage als sogenannte „Ganerbenburg" oft von mehreren Eigentümern nebeneinander bewohnt, welche sie weiter ausbauten. Um 1400 waren einige dieser Burgherren als gefürchtete Raubritter tätig. Erst Graf Michael II. von Wertheim konnte 100 Jahre später wieder alle Besitzrechte in einer Hand vereinen und schuf sich auf dem Breuberg eine „modern" verteidigte Renaissanceresidenz. Nach einer wechselvollen Geschichte, in der sie unter anderem als Arbeitslager diente, kam die Burg schließlich nach dem 2. Weltkrieg in den Besitz des Landes Hessen, welches nun für die Erhaltung verantwortlich ist und in der Kernburg eine romantische Jugendherberge eingerichtet hat, so daß man jetzt sogar auf der Burg übernachten kann. Bei unserer Burgbesichtigung treffen wir auf Kanonen und Ritterrüstungen, Geheimgänge und Hexenverliese, welche das Mittelalter wieder lebendig werden lassen.

Vom *Naturpark-Parkplatz „Burg Breuberg"* aus folgen wir der mit einer *gelben 1* markierten Straße den Berg hinauf. In der ersten Kurve führt der Wanderweg in der Kehre geradeaus weiter in den Wald hinein und wird bald immer schmaler. Auf diesem Waldpfad umrunden wir den Burgberg und gelangen schließlich zu einer Treppe. Oben angelangt sehen wir das äußere Burgtor und die gepflasterte Auffahrt vor uns liegen. Bevor wir die Burg selbst betreten, können wir sie auf einem ebenfalls mit der *gelben 1* markierten Pfad außerhalb des tiefen Burggrabens ein weiteres Mal umrunden. Der Weg beginnt links vom äußeren Burgtor und kommt oberhalb der Treppe wieder an. Es bieten sich dabei tolle Blicke auf die mächtige Wehranlage mit ihren großen Geschütztürmen, welche um das Jahr 1500 errichtet wurden. Alte Stiche zeigen, daß diese einst spitze Runddächer mit kleinen Gauben trugen, an deren Spitze kleine Fahnen wehten. Der tiefe und breite Graben wurde größtenteils mühsam aus dem Breuberg herausgeschlagen, wobei man allerdings gleichzeitig Baumaterial für die Burg gewann.

Nach dieser Wanderung passieren wir das äußere Tor und stehen gleich vor den hohen Mauern der **Burg Breuberg**. Linkerhand steht

Burg Breuberg

noch eine der alten Kanonen, welche die Anlage früher beschützten. Rechts über dem Tor, zu dem eine Brücke über den Graben führt, streckt uns der berühmte Breilecker seine Zunge heraus. Der schnauzbärtige Landsknecht hatte nach monatelanger Belagerung seine letzten Vorräte zu einem dampfenden Brei zusammengekocht und gutgelaunt im Angesicht der Feinde schmatzend verzehrt, worauf hin sie endlich resigniert die Belagerung aufgaben.

Früher sicherte natürlich eine Zugbrücke den einzigen Zugang zur Burg; die Rollen für ihre Ketten sind noch heute in der Mauer erhalten. Sollte die Brücke von Feinden eingenommen werden, so galt es als nächstes die tiefe Fallgrube im Torbau zu überwinden, welche normalerweise mit dicken Bohlen abgedeckt war.

Obwohl man auch einfach so durch die Burg spazieren kann, sollten wir uns doch einer Führung anschließen, welche im gleich links befindlichen Johann-Casimir-Bau von 1613 beginnt. Im hier untergebrachten *Burgmuseum* widmet sich der unterste Raum den gröberen Handwerken wie dem des Steinmetzes, welcher neben Bauteilen und Grabplatten auch Kanonenkugeln herstellte. Auch die Seiler und Wagner werden mit typischen Arbeitsgeräten vorgestellt. Interessant sind die komplizierten alten Türschlösser und schönen Schmuckbeschläge, welche der Schmied anfertigte. Im nächsten Stock befindet sich der große und wegen seiner Stuckdecke berühmte Rittersaal. Hier finden sich viele alte Waffen wie Pistolen und Gewehre, welche früher zur Verteidigung der Burg dienten. Auch mehrere richtige Ritterrüstungen sind hier ausgestellt. Die Wendeltreppe führt uns noch

Einkehrmöglichkeiten: In der Burggaststätte im Burghof gibt es neben aufwendigeren Mahlzeiten zum Beispiel auch Eis oder eine Portion Pommes frites zu erstehen (Dienstag Ruhetag). Weitere Möglichkeiten bieten die Burgschänke am Burgberg sowie diverse Gastronomiebetriebe in Breuberg-Neustadt.

Tip:
Vom Naturpark-Parkplatz „Burg Breuberg" führen zwei weitere markierte Wanderwege (*2* und *3*) von 2 und von fast 4 km Länge linkerhand durch den Wald. Sie lassen sich gut als Ergänzung zur nicht allzulangen Burgwanderung einplanen.

Kartenempfehlungen:

1 : 50 000	Hessisches Landesvermessungsamt
TF 50-2	Naturpark Bergstraße-Odenwald Nordost
1 : 25 000	Bayerisches Landesvermessungsamt
TK 25 6120	Obernburg am Main

Museumsbesuch im Schloß Lichtenberg

Ist das Wetter einmal gar zu ungemütlich, braucht noch lange nicht auf einen spannenden Ausflug in den Odenwald verzichtet zu werden. Das Schloß Lichtenberg ist dafür genau das richtige Ziel, bietet es mit seinem großen Museum doch stundenlange Unterhaltung. Schon aus weiter Entfernung sichtbar, erhebt sich das prächtige Renaissanceschloß malerisch über dem Fischbachtal. Es wurde zwischen 1570 und 1581 unter dem jungen Landgrafen Georg I. von Hessen-Darmstadt als „Ferienhaus“ und „Witwensitz“ anstelle der mittelalterlichen Burganlage errichtet. Besonders in Krisenzeiten – etwa bei Krieg oder Pestepidemien – verließ die gräfliche Familie ihre gefährdete Darmstädter Residenz und suchte im entlegenen Lichtenberg Zuflucht. Langsam verlor das Schloß jedoch seine einstige Bedeutung und wurde schließlich nur noch von einem Pförtner bewohnt, während sich in den Sälen die Akten des Darmstädter Staatsarchivs stapelten. Zu Beginn dieses Jahrhunderts wurden zunächst Hotelzimmer und Ferienwohnungen im Schloß eingerichtet, bis 1951 schließlich das Museum Einzug hielt.

Es empfiehlt sich den Rundgang durch das **Museum Schloß Lichtenberg** im 2. Stock bei den Zinnfiguren zu beginnen. Im Aufgang ziehen zunächst jedoch die vielen Puppenküchen und Puppenläden das Interesse auf sich. Im mittleren Raum finden sich dann noch viel mehr alte Spielsachen, vor allem Holzfiguren, Tiere und jede Menge Puppenstuben. Ob dies alte Spielzeug unseren Kindern wohl noch gefällt?

Schloß Lichtenberg

Im großen Raum rechts sind mehrere tausend handbemalte Zinnfiguren zu über 60 kleinen Gruppen, den sogenannten Dioramen zusammengestellt worden. Viele bedeutende Ereignisse und Persönlichkeiten der Geschichte können so anschaulich vorgestellt werden. Bei diesem Gang durch die Weltgeschichte können auch die Eltern noch einmal ihre Schulkenntnisse auffrischen, wenn sie ihren Kindern etwa die Wirren der punischen Kriege mit Hannibals berühmten Elefanten oder das Leben im alten Ägypten erklären dürfen ... Zum Glück sind alle Szenarien mit einem kurzen Text versehen, da der Skytheneinfall in Assyrien um 600 v. Chr. doch manchem wieder entfallen sein mag. Diese – übrigens alle von einem historisch interessierten Pfarrer – liebevoll bemalten und zusammengestellten kleinen Figuren führen uns in großen Schritten von der „Wiege der Menschheit" in Mesopotamien über die klassische Antike und das mittelalterliche Lichtenberg bis zum Badesee in den 70er Jahren. Es gehört schon einiges Geschick und fundiertes Wissen dazu, um dem Betrachter mit Hilfe einiger kleiner Figuren auf einen Blick deutlich machen zu können, mit welcher doch schon weit entwickelten Technik Caesar eine Brücke über den Rhein schlug. Vielleicht erwacht auf diese Art ja bei dem einen oder anderen jungen Betrachter ein Interesse an den alten Kulturen.

Die im gegenüberliegenden Raum präsentierte Bleisoldatensammlung der deutschen Regimenter von 1914 ist für Kinder dagegen sicher weniger interessant. Deshalb steigen wir jetzt ein Stockwerk hinab und kommen rechterhand in einen Raum mit bäuerlichen Geräten. Hier steht ein Heuwagen neben Pflügen, Eggen, Karren, Sensen und Dreschflegeln, lauter Geräten, welche noch vor 50 Jahren auf jedem Hof im Odenwald anzutreffen waren. Schautafeln erläutern ihre Funktion und informieren auch über die rasanten Veränderungen der Landwirtschaft in diesem Jahrhundert: Was heute ein einzelner Bauer mit seinem teuren Mähdrescher in einer Stunde schafft, mußte um die Jahrhundertwende von vielen gemeinsam mit einfachsten Geräten in mehreren hundert mühsamen Stunden von Hand geleistet werden. Möbelstücke und Hausrat komplettieren diesen Ausschnitt aus der Welt unserer bäuerlichen Vorfahren.

Am Ende des Raumes betreten wir die „Sommergalerie", in welcher vorwiegend zeitgenössische Künstler ein Ausstellungsforum finden.

Noch tiefer in die Vergangenheit führt uns dann der im Treppenhaus gegenüberliegende Raum mit seiner Sammlung zur Regionalgeschichte. Hier finden sich zum Beispiel interessante Modelle steinzeitlicher Häuser und diverse steinzeitliche und römische Bodenfunde. Das Mittelalter wird unter anderem mit einem Burgmodell, alten Bildern und Waffen dokumentiert. Für Kinder werden die beiden großen Ritterrüstungen sicherlich einen Höhepunkt des Museumsrundganges darstellen.

In der Mitte des Geschosses befindet sich die Einrichtung einer alten Apotheke mit einer Unmenge von Gläsern, Schubladen und Porzellangefäßen für allerlei pflanzliche und chemische Substanzen. Sie stammt allerdings nicht aus dem Odenwald, sondern hat es aus dem entfernten Saarbrücken in dieses Museum verschlagen.

Im Erdgeschoß bei der Kasse links widmet sich das Museum dem ländlichen Handwerk. Ausgestellt sind hier unter anderem Werkzeuge des Schmieds wie Amboß und Blasebalg, Werkzeuge und Arbeiten des Wagners sowie ein großer Webstuhl und Spinngeräte.

Nach der Besichtigung all dieser Sammlungen, sollten wir zumindest einen kleinen Rundgang ums Schloß machen. Wenn wir uns im Hof rechts halten, gelangen wir durch einen kleinen Torbogen nach draußen und können dort auf einem schmalen Weg das Schloß umrunden. Vorbei an dem schönen Garten genießen wir bald den weiten Blick ins Fischbachtal.

Bei gutem Wetter lohnt es sich auf alle Fälle an der Museumskasse für DM 5,00 das Erläuterungsheft zum *geographisch-historischen Lehrpfad* zu erwerben. Neben ausführlichen Informationen, Zeichnungen und Fotos ist darin auch der Weg auf einer genauen Karte im Maßstab 1 : 10 000 verzeichnet. Auf dem Lehrpfad selbst sind 36 Orientierungspunkte ausgeschildert, zu denen sich hinten im Heft schnelle Kurzinformationen befinden. In den davor befindlichen Kapiteln widmen sich die Initiatoren des Pfades dem Landschaftsbild, der Geologie und der Geschichte von Lichtenbergs näherer Umgebung. Dabei wird immer auf die entsprechenden Stationen des Lehrpfades verwiesen. Weitere Themen sind unter anderen das Schloß, die Nutzung des Waldes und die Köhlerei.

i

Wie kommt man zum Schloß Lichtenberg?
Der Ort Lichtenberg gehört zur Gemeinde Fischbachtal und ist leicht von Groß-Bieberau an der Bundesstraße 38 zu erreichen. Doch auch aus anderen Richtungen („Nibelungenstraße" – B 47) ist das Schloß als Sehenswürdigkeit ausgeschildert. Parkmöglichkeiten finden sich direkt in Lichtenberg unterhalb des Schlosses, oder auf dem Naturpark-Parkplatz „Riedbusch" kurz vor dem Ort.

Weglänge: etwa 6 km (geographisch-historischer Lehrpfad)

Öffnungszeiten: Mitte März bis Anfang November
mittwochs und freitags 14.00 - 17.00 Uhr
samstags, sonntags und an Feiertagen
10.00 - 17.00 Uhr

Eintritt: Erwachsene DM 3,00
Kinder DM 1,00

Speziell für Kinder gibt es die Möglichkeit, das Museum mit einem spannenden Detektivspiel zu erkunden. Informationen dazu gibt es an der Kasse.

Auskünfte: Museum Schloß Lichtenberg
64405 Fischbachtal-Lichtenberg
Telefon 0 61 66/4 04

Einkehrmöglichkeiten: direkt unterhalb des Schlosses befinden sich mehrere Gaststätten.

Besonderes:
Immer am ersten Adventswochenende findet in Lichtenberg vor der Kulisse des Schlosses ein stimmungsvoller Adventsmarkt statt. Neben der gebotenen musikalischen Unterhaltung verkaufen Landwirte und örtliche Vereine selbstgemachte Spezialitäten und kunstgewerbliche Erzeugnisse. Es wird empfohlen in Niedernhausen zu parken und den kostenlosen Pendelbus nach Lichtenberg zu nutzen.

Kartenempfehlung:
1 : 50 000 Hessisches Landesvermessungsamt Wiesbaden
TF 50-2 Naturpark Bergstraße-Odenwald Nordost

4 Kletterspaß im Meer aus Stein

Das Felsenmeer bei Reichenbach

In alten Zeiten, als der Odenwald noch von den etwas dümmlichen aber dafür sehr großen und starken Riesen bewohnt wurde, lebten zwei von ihnen auf den Bergen bei Reichenbach. Als sie eines Tages miteinander in Streit gerieten, bewarfen sie sich gegenseitig mit mächtigen Felsblöcken, wobei der auf dem Felsberg lebende Riese bald unter dem Steinhagel seines Gegners begraben wurde.

Mit solchen Sagen versuchten sich die Menschen früherer Zeiten die wirklich sehr merkwürdig und unnatürlich anmutenden Felsansammlungen auf dem Reichenbacher Felsberg zu erklären. Heute erklären uns die Geologen die rundgeschliffenen Steinblöcke mit der sogenannten Wollsackverwitterung des Granits und die Felsströme mit den Kräften der Erosion. Wie immer es sich nun aber auch abgespielt haben mag, für uns ist dabei jedenfalls ein ganz einmaliges Kletterparadies entstanden.

Darüberhinaus war der gesamte Bergrücken einst Betriebsgelände der römischen Steinhauerindustrie, deren interessanten Spuren wir auch nach über 1500 Jahren noch auf Schritt und Tritt begegnen.

Die Hauptkletterattraktion ist zweifellos der große Blockstrom, welcher sich wie ein gewaltiger Fluß aus Felsbrocken mehr als 200 Höhenmeter zu Tal stürzt. Je nachdem wieviel Anstrengung wir uns zumuten wollen, bieten sich uns zwei Möglichkeiten zur Erkundung des **Felsenmeeres**: Entweder wir beginnen den steilen Aufstieg am Fuß des Berges vom *Parkplatz „Felsenmeer"* aus, oder wir folgen der Straße noch etwa zwei Kilometer bis zum weiter oben gelegenen *Parkplatz Römersteine*, von wo aus wir dem geologischen Lehrpfad und der *gelben 4* nur leicht bergan bis zur Brücke über den Felsstrom folgen können. Kurz vor der Brücke bietet die Schutzhütte „Lautertalblick" eine willkommene Rastmöglichkeit.

Im Felsgeröll des „versteinerten" Flusses können die Kinder nach Herzenslust spielen und herumklettern. Dabei entdeckt man immer neue Pfade, Höhlen und Verstecke. Von der Brücke aus folgen wir auf der linken Seite des Felsstromes dem *weißen F* aufwärts, wobei die Kinder – und auch die Eltern, wenn sie wollen – natürlich weiter durch die Felsen neben uns klettern können. Wir folgen unserer Markierung auf einem Querweg zum anderen Ufer des Stromes, wo sie uns dann weiter aufwärts zu einer *Schutzhütte* führt.

Hinter der Hütte liegt die sagenhafte *Riesensäule*, deren Herkunft den Menschen früher Rätsel aufgab. Heute wissen wir, daß die fast 10 Meter lange und 27,5 Tonnen schwere Säule von den Römern mit

Hier darf geklettert werden

einfachen Werkzeugen aus dem Granit des Felsbergs geschlagen wurde. Da für ähnliche Säulen im Trierer Dom die Herkunft vom Felsberg durch chemische Analysen zweifelsfrei nachgewiesen werden konnte, wird davon ausgegangen, daß die hier im 4. Jahrhundert n. Chr. tätigen römischen Steinhauer wohl hauptsächlich für Prachtbauten in der alten Kaiserstadt beschäftigt waren.

Ein kleiner Rundgang wird uns nun zu den wichtigsten Steinformationen auf die **Felsberghöhe** führen. Wir folgen dem mit einer *gel-*

ben 6 gekennzeichneten Weg zwischen Hütte und Säule nach links (wenn man von unten kommt) und erblicken bald oberhalb der ersten Wegkreuzung im Wald die *Teufelskanzel.* Wir folgen weiter der *6* bis sie einige Meter nach einer scharfen Kurve nach links wegführt. Über uns im Wald befindet sich nun die sogenannte *Gralsburg*, welche in den Legenden immer sehr schwer zu finden ist und sich hier als großer Steinhaufen tarnt. Wir folgen dem Weg hier weiter geradeaus und sind bald oberhalb der Teufelskanzel und gelangen dann ins „Quellgebiet" des Felsstroms.

An der *Schutzhütte* bei einigen riesigen Steinblöcken wird der schwierige Transport der schweren Werkstücke zur Römerzeit erklärt. Je nach Größe und Gewicht wurden die Steine auf Rollen, Wagen oder Schlitten zu Tal befördert und dann bis zum Rhein verfrachtet, von wo aus sie dann auf dem Wasserweg zum Beispiel bis nach Trier gelangten.

Einige Schritte unterhalb der Hütte befindet sich der sogenannte *Altarstein* – von manchen auch als Klavier bezeichnet – an welchem sich sehr gut die angewandten Techniken der Steinbearbeitung studieren lassen. Um aus den großen unförmigen Blöcken Platten oder Quader zum Abtransport herstellen zu können, wurden die Steine entweder mit Keilen auseinandergesprengt oder aber auch zersägt. Am Altarstein können wir sowohl die in regelmäßigen Abständen in den Fels gemeißelten Keillöcher erkennen, als auch die oberhalb dazu parallel verlaufenden Sägeschnitte. Archäologen konnten mit Hilfe antiker Schriften und Funduntersuchungen die Funktionsweise der römischen Steinsägen rekonstruieren: Danach wurde ein langes metallenes Sägeblatt an einem Holzgerüst über dem Stein aufgehängt und von den Arbeitern hin und hergezogen. Dabei war das Sägeblatt jedoch nicht gezahnt, sondern diente nur dazu, äußerst feinen Quarzsand in den Stein zu reiben, welcher den eigentlichen Säge- beziehungsweise Schleifvorgang besorgte. Man nimmt an, daß die Römer für die Tiefe von einem Zentimeter etwa 3 Stunden schwerer Arbeit brauchten.

Wer vom Parkplatz „Felsenmeer" heraufgeklettert ist, kann von hier aus entweder zur Riesensäule zurückkehren und von dort wieder über den Blockstrom hinabsteigen oder noch etwa zwei Kilometer weiterwandern und dabei noch den Sarg und das Schiff kennenlernen.

Wir folgen dafür dem Weg vom Altar wieder ein Stück bergan, und schlagen dann bei der Hütte den mit einer *gelben 7* markierten Weg nach rechts ein, welcher uns langsam abwärts führt, wobei sicher noch mancher herausfordernde Felsblock am Wegesrand erklommen werden will. Am Ende einer weit geschwungenen Kurve führt uns die *gelbe 7* am Rande eines tiefen Steinbruchs vom Wege weg durch die Bäume zum fast vier Meter langen *Riesensarg*. Ringsumher liegen noch die vom ursprünglichen Felsblock abgespalteten Seitenteile des Quaders, der den römischen Steinhauern jedoch an einer Seite mißlang und deshalb einfach liegengelassen wurde.

Die *gelbe 7* führt uns jetzt zum Eingang eines der neuzeitlichen Steinbrüche, von denen manche noch bis zur Mitte dieses Jahrhunderts in Betrieb waren, während die vielen Steinmetzbetriebe im Tal ihre Rohstoffe heute aus der ganzen Welt importieren und der gesamte Felsberg unter Naturschutz steht.

Wir folgen der *gelben 7* nun bis zu einem Querweg, welcher uns ohne Wanderzeichen nach rechts bergab führt. Bald treffen wir auf die Kehre eines weiteren Weges und müssen auf diesem etwa 200 Meter leicht bergan wandern, bis wir bei der gelben Bank links unter uns im Fichtenwald das mit über 12 Metern Länge größte Werkstück der Römer, das sogenannte *Schiff* liegen sehen. Natürlich sollte hier nie eine steinerne Galeere entstehen, erst in unserer Zeit wurde dem auffällig geformten Stein dieser Name gegeben.

Von hier folgen wir der *gelben 5* durch den Wald bergab, welche uns auf einem geschotterten Wirtschaftsweg wieder zum *Parkplatz „Römersteine"* zurückführt. Wer hier jedoch sein Auto nicht geparkt hat, sollte der *gelben 4* zur Felsmeerbrücke folgen, von wo aus es nicht mehr weit zum anderen Parkplatz ist.

Wie kommt man zum Felsenmeer?
Das Felsenmeer ist an der B 47 („Nibelungenstraße") in Reichenbach ausgeschildert.

i

Weglänge: ca. 6 km

Einkehrmöglichkeiten: Waldrestaurant Felsberg sowie verschiedene Möglichkeiten in Reichenbach und Beedenkirchen

Kartenempfehlung:
1 : 50 000 Hessisches Landesvermessungsamt
TF 50-1 Naturpark Bergstraße-Odenwald Nordwest

5 Von wilder Jagd und wilden Weibchen

Zur Ruine Rodenstein bei Reichelsheim

Unser heutiger Ausflug führt uns zur bekanntesten Odenwälder Sagengestalt, dem legendären Rodensteiner. Mit lautem Geschrei, Waffengeklirr, Pferdegewieher und Räderrasseln zieht er mit seinem wilden Heer über das Land. Das zugrundeliegende Motiv eines Seelen- oder Geisterheeres, oftmals angeführt von einem wilden Jäger oder dem alten germanischen Sturm- und Totengott Odin ist weit verbreitet. Im Odenwald wird gern der Rodensteiner Ritter an die Spitze dieses Zuges gesetzt, welcher im ganzen Odenwald umherzieht und als Vorzeichen für Krieg und Unglück gedeutet wird. Auch vor den beiden Weltkriegen will der Rodensteiner noch von einigen Odenwäldern gesehen worden sein.

Vom *Parkplatz „Rodenstein"* führen mehrere gekennzeichnete Wanderwege in den Wald. Wir folgen zunächst der Route, welche mit einer *gelben 1* markiert ist und uns als Sandweg durch kleinere Wäldchen, Wiesen und lichte Obstbaumbestände führt. Bei der ersten Weggabelung folgen wir weiter unserem Zeichen. Ausgedehnte Buchenwälder umgeben den idyllisch im Talgrund gelegenen Gasthof *„Hofgut Rodenstein"* (nur am Wochenende geöffnet). Rechter Hand kommt ein kleiner Bach aus dem Wald hervor. Zumindest in den feuchteren Jahreszeiten ist dieses ganze Gebiet sehr wasser- und quellreich.

Wir folgen nun einem Waldweg geradeaus den Hügel hinauf und stehen bereits nach wenigen Schritten vor dem Tor der im 13. Jahrhundert errichteten **Burgruine Rodenstein**. Eine alte Ballade beschreibt den hier einst hausenden Ritter als dunklen Mordgesellen und warnt Wanderer wie uns vor einem Besuch des verfallenen Gemäuers:

"Entsetzen packt und finstres Grausen
Uns schon beim Anblick an,
Und wo die Geister feindlich hausen,
Entflieht der Wandersmann."

Kämmerer, 1812
in: Der Wartturm, Heimatblätter für das badische Frankenland,
7. Jahrgang, Nr. 4, Januar 1932, Seite 14

Doch schlagen wir diese bald 200 Jahre alte Warnung in den Wind und betreten das Burggelände. Die Tafel am Eingang vermittelt einen grafischen Eindruck vom letzten Zustand der Burg um 1640, bevor sie nach dem Pesttod des letzten Burgherrn und seiner Familie langsam zerfiel und auch, wie so viele Burgen, als Steinbruch mißbraucht wurde. Vom prächtigen Wohnbereich sind heute nur noch die Grundmauern zu sehen. Besonders gut erhalten ist jedoch der efeuumrankte Mühlbau, einst ein Torgebäude mit Zugbrücke, in dem erst

Hier hauste einst der Rodensteiner

später eine Mühle durch eine oberhalb gelegene Stauanlage betrieben wurde.

Hier steigen wir in den Burggraben hinab und können von außen gut das vermauerte Tor erkennen. Zu dieser Ruine existiert nicht nur die fast obligatorische Sage von einer vergrabenen Schatzkiste, welche hier von einer feurigen Katze, die gern mit Steinen nach vorwitzigen Schatzgräbern wirft, bewacht wird; alte Akten berichten sogar von einer echten Schatzsuche im 18. Jahrhundert. Vom Pfarrer als „liederliche Leute" und „Lumpen" bezeichnete Männer gruben heimlich, aber mit Genehmigung der Obrigkeit und unter Aufsicht des Försters, den Hof beim Mühlbau auf. Zur Auffindung der rechten Stelle nahmen sie Wünschelruten und sogenannte Erd- oder Zauberspiegel zu Hilfe. Zu Beginn wurden in einem Zauberkreis Gott und die Erzengel angerufen. Diese magischen Riten machten sie dem Pfarrer natürlich höchst verdächtig. Tief unter der Erde stießen sie auf eine vermauerte Tür. Dahinter fanden sie aber wohl nichts von Bedeutung und zerstritten sich schließlich.

Auf der anderen Seite des Grabens führt der Pfad wieder bergan und trifft auf einen Weg, dem wir nach links folgen. Die Bäume sind wieder mit der *gelben 1* markiert. Auf der rechten Seite liegen riesige Felsen im Wald, ab und an sehen wir kleine Bächlein am Weg. Besonders eindrucksvoll ist der *Fallenbach*, der über eine fast 10 Meter hohe Felswand zu Tal stürzt.

Bei der nächsten Weggabel halten wir uns links und kommen in den feuchten Talgrund. Bei der Kreuzung wenden wir uns rechts bergan und verlassen bald den Wald, um durch Wiesen und Felder geradewegs nach *Freiheit-Laudenau* zu marschieren, welches nur aus wenigen Häusern besteht. Dort angekommen wenden wir uns erneut nach rechts, wieder auf den Wald zu. An der nächsten Straßenkreuzung ist der Wildweibchenstein bereits ausgeschildert. Am Parkplatz vorbei gehen wir geradewegs in den Wald hinein, wo wir nach einigen hundert Metern rechterhand vor dem **Wildweibchenstein** stehen. Um die ganze, eindrucksvolle Größe dieses Granitbrockens erfassen zu können, sollten Kletterfreudige einmal zum Fuß des Steins hinabsteigen und ihn umrunden. Ein wenig Vorsicht ist beim Erkunden jedoch angebracht, da der Hang recht steil ist!

In einer kleinen Höhle am Fuß der Felsen sollen früher zwei „wilde Weibchen“ gelebt haben. Bei den „wilden Leuten“ des Odenwalds handelt es sich um Naturdämonen, welche einst die Kraft des noch ungezähmten Urwalds verkörperten. Sie gleichen den Menschen an Größe und Gestalt, sind jedoch behaart und nur mit Moos und Schlingpflanzen bekleidet. Während die männlichen Wesen abstoßend häßlich sein sollen, werden die „wilden Weibchen“ als zierlich und schön beschrieben. Die „wilden Leute“ wohnen einsam in Höhlen oder Felsklüften und ernähren sich von Wurzeln und Kräutern. Viele markante Felsgruppen oder Steinwände mit Namen wie „Wildeleuthäusel”, „Wildefrauenhäuschen“ oder „Wildeleutloch“ erinnern noch heute an diese alten Vorstellungen. Die beiden Weibchen, welche hier am Fels gelebt haben sollen, kannten sich gut mit heilenden Kräutern aus, verrieten den Bauern ihre Rezepte jedoch nicht. Ab und an kamen sie zum Betteln ins Dorf, einmal tanzten sie sogar auf einer Hochzeit im nicht weit entfernten Freiheit-Laudenau.

Jetzt setzen wir unsere Wanderung weiter auf dem Weg fort und gelangen etwa nach einem Kilometer in einen hohen Buchenwald mit mancher ungefährlicheren kleinen Klettersteingruppe. Bald stoßen wir wieder auf die vielen kleinen Bächlein, links hinter der Weggabelung am Gewann „*Köhlerbrücke*“ ist eine sumpfige Mulde über und über mit der scharf schmeckenden Brunnenkresse bewachsen. Durch einen mittleren Fichtenwald führt der Weg jetzt langsam bergab, bei Abzweigungen nach rechts oder links bleiben wir stets auf dem Hauptweg, bis wir nach gut einem Kilometer auf einen breiten Querweg treffen. Hier biegen wir scharf nach rechts ab und sind jetzt auf dem mit einer *gelben 3* markierten Rundweg. Schon nach wenigen hundert Metern haben wir dann unseren Ausgangspunkt wieder erreicht.

Wie kommt man zum Naturpark-Parkplatz „Rodenstein“?
Wir verlassen die B 47 („Nibelungenstraße“) in der Ortsmitte Reichelsheims in Richtung Fränkisch-Crumbach. Gleich hinter dem Ort ist Eberbach und die Ruine Rodenstein nach links ausgeschildert. Ein schmaler Weg führt bis zum Parkplatz.

Weglänge: ca. 7 km

Öffnungszeiten: Die Ruine ist immer frei zugänglich

Einkehrmöglichkeiten: Hofgut Rodenstein, nur freitags, samstags und sonntags sowie an Feiertagen geöffnet. Diverse Möglichkeiten in Reichelsheim.

Kartenempfehlungen:
1 : 50 000 Hessisches Landesvermessungsamt, TF 50-2 Naturpark Bergstraße-Odenwald Nordost
1 : 25 000 Hessisches Landesvermessungsamt
TK 25 6218 Neunkirchen

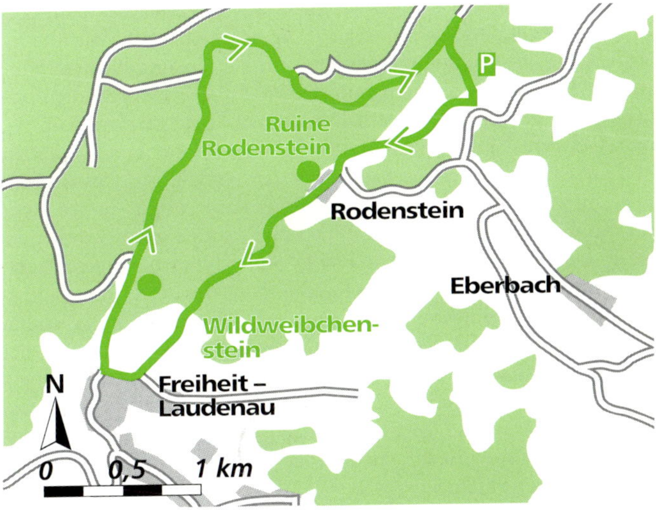

6 Gesundbrunnen, Schätze und Verliese

Vom Fürstenlager zum Auerbacher Schloß

Eine Wandertour an der Bergstraße bietet sich besonders im April oder frühen Mai an, wenn hier schon das junge Grün hervorgekommen ist und vieles blüht, während die Vegetation im Odenwald oft drei bis vier Wochen länger braucht. Durch den schönen Park des Fürstenlagers machen wir uns auf den Weg zum Auerbacher Schloß, dessen Ruine schon vor Jahrhunderten ein beliebtes Ausflugsziel war. Ältere Kinder sollten für diese Tour mal ihren Zeichenblock und einen Bleistift mit in den Rucksack packen und ein paar besonders schöne Ansichten der Burg skizzieren. Zuhause können wir dann in Ruhe ein großes buntes Ritterbild malen. Die Eltern können uns dabei helfen oder natürlich auch selbst einen Stift zur Hand nehmen.

Vom *Parkplatz an der „Bachgasse“* in Auerbach folgen wir der Straße vorbei an alten Häuschen und blühenden Gärten. Eine Allee hoher Linden führt uns in den *Park.* Auf einer Tafel werden wir darum gebeten, die Wege nicht zu verlassen. Rechter Hand liegt jetzt der *Schwanenweiher,* der Fische und Wasservögel beherbergt. In der gesamten Anlage laden viele Bänke in sonniger oder schattiger Lage zur Rast ein.

Hinter dem Ententeich beginnt der Gebäudekomplex des **Fürstenlagers**, schöne barocke Bauten, die überwiegend in grau-weißen Farbtönen gehalten sind. Wie ein kleines Dörfchen scheinen die Häuser im Talgrund zu liegen. Errichtet wurden sie in den Jahren zwischen 1787 und 1795 unter Landgraf Ludwig X. von Hessen-Darmstadt, nachdem bereits sein Großvater ein einfaches Badehaus an der als heilkräftig gerühmten Quelle errichten ließ. Von nun an weilte der Fürst zur Sommerzeit gern mit Familie und kleinem Hofstaat in Auerbach, wo er fern vom steifen Hof in Darmstadt die ländliche Idylle genoß. Zur Unterhaltung waren Gäste geladen, Künstler und Gelehrte kamen nach Auerbach, man pflegte Freundschaften und Geselligkeit beim Lustwandeln in den weitläufigen Parkanlagen. Für Unterkunft und leibliches Wohl war nach einigen Jahren reger Bautätigkeit aufs Beste gesorgt: Im ersten Gebäude rechts wurden die Gäste beherbergt, im zweiten Pferde und Kutschen untergebracht. Mehrere Gebäude wie etwa der Kavaliersbau oder der Damenbau beherbergten das Hofgefolge, während das Fürstenpaar natürlich im Herrenhaus wohnte. In dem größeren Gebäudekomplex auf der rechten Seite befand sich die Verwaltung, die Küche mit Nebengebäuden und eine Konditorei. Gegenüber vom Gesundbrunnen, dem eigentlichen Herz der gesamten Anlage, steht das hübsche Wachthaus mit seinem Uhrturm, vor welchem früher prächtig uniformierte Soldaten Wache hielten.

Auerbacher Schloß

Hinter der Wiese mit dem Springbrunnen führt uns ein Bohlentreppenweg zum *Vogelhaus*, in welchem einige Sittiche unter großen Magnolien leben. Wir folgen dem Weg an der langen Wiese gegenüber dem Herrenhaus bergan und können dabei manch exotischen Baum bewundern, unter anderem den größten *Mammutbaum* Europas! Vom Ende der Wiese bietet sich ein schöner Blick auf die im Stil eines englischen Landschaftsparks gestaltete Anlage. Geschwungene Wege und eine naturnahe Pflanzengruppierung lösten vor 200 Jahren vielerorts die streng geometrischen, französisch inspirierten Parkanlagen ab.

Ein paar Schritte nach links, ein paar weitere nach rechts und schon haben wir den obersten Hügelkamm an der Grenze des Parks erreicht. Von hier oben, der sogenannten *Bastion,* bieten sich weite Blicke ins Rheintal (markanter Punkt: das Atomkraftwerk Biblis von 1970, eines der größten der Welt) oder über das Schönberger Tal weit in den Odenwald hinein.

In nördlicher Richtung können wir über den Bäumen den Bergfried des Auerbacher Schlosses erkennen, zu dem wir uns jetzt auf den Weg machen. Zunächst folgen wir dem Weg am Weinberg entlang, welcher mit einer *gelben 8* gekennzeichnet ist und auf den Odenwald zuführt.

Bald können wir einen kurzen Abstecher zur rechter Hand gelegenen *Ludwigslinde* machen, welche vom Grafen Ludewig zu Erbach-Schönberg im 19. Jahrhundert gepflanzt wurde. Auch hier kann man wieder weit ins Land blicken und schön rasten.

Unser Pfad heißt jetzt „Dr. Lommel-Weg“ und ist mit den *gelben Ziffern 2, 7* und *8* gekennzeichnet. Hier im hinteren Bereich der Parkanlage ist es auch an Wochenenden nicht allzu betriebsam. Das Gelände ist sehr abwechslungsreich, bald führt der Weg an Pferdekoppeln vorbei, offene Wiesen wechseln mit kleineren Waldstücken.

Falls uns hier ein Regenschauer überraschen sollte, liegt rechts des Weges eine *Schutzhütte* unter Eiben verborgen. Vom Weg auf dem Hügelkamm können wir links die Eremitage, ein kleines Parkgebäude, und rechts im Tal den Kirchturm von Schönberg sehen.

Bei der nächsten Weggabelung führt der „Dr. Lommel-Weg“ links bergab. Wir folgen ihm bis zur Tafel mit der Parkordnung, wo wir den Trampelpfad rechts auf den Wald zu wählen.

Je nach Wetter oder Lust und Laune bietet sich hier die Möglichkeit, auf dem Hauptweg wieder durchs Tal zum Fürstenlager zurückzukehren und dieses noch weiter zu erkunden. Es warten dort noch Altäre, Grotten und gigantische „Champignons“ auf unseren Besuch.

Vielleicht ist an dieser Stelle eine kleine Geschichte gut geeignet, um das Interesse auf unser nächstes Ziel, das Auerbacher Schloß zu lenken: Es mag diese Talwiese gewesen sein, auf welcher vor vielen Jahren ein Hirtenjunge von einer wunderschönen verwunschenen weißen Jungfrau mehrmals um Erlösung gebeten wurde. Sie bot ihm einen Schlüssel zu ihrer Kammer im Schloß, in welcher große Reichtümer auf ihn warteten. Leider war der Junge jedoch zu furchtsam und nahm immer Reißaus. Nun war die Jungfrau gezwungen, erneut viele lange Jahre auf einen Retter zu warten, da erst der Baum heranwachsen mußte, aus dessen Holz die Wiege für den nächsten Erlöser gebaut sein sollte. Dieses oft gebräuchliche Sagenmotiv von Baum und Wiege soll zum einen die enorme Zeitspanne der Verzauberung deutlich machen und zum anderen die einmalige und schicksalhafte Chance des verhinderten Erlösers betonen.

Bei der nächsten Gabelung des Pfades treten wir auf dem rechten Weg in einen hohen Buchenwald und folgen einem gewundenen Waldweg, welcher mit einem *gelben Punkt* und einer *7* in einem *weißen Quadrat* gekennzeichnet ist. An warmen Tagen im Mai duftet es hier herrlich nach Waldmeister. Oberhalb von *Hochstädten* mündet unser Weg auf einen geschotterten Wirtschaftsweg, welchem wir links bergab in den Ort bis zum Gelände eines Marmorwerkes folgen. Die Straße führt nun über den Bach, auf der anderen Seite der kleinen Brücke liegt gleich rechts der *Gesundbrunnen* in einem Lindenhain. Eingemeißelte Jahreszahlen verraten uns sein über zweihundertjähriges Alter. Durch die Nachbarschaft des Fürstenlagers erhoffte man sich viele wohlhabende Gäste zu Trinkkuren an dieser eisenhaltigen Quelle. Der Erfolg blieb jedoch aus, der Brunnen wird schon lange nicht mehr genutzt und heute nur noch als Denkmal erhalten.

Wir folgen der Hauptstraße einige Meter nach rechts, um dann jedoch gegenüber dem Ortsschild von Hochstädten wieder linker Hand in den Wald einzubiegen. Ein *blaues Dreieck* führt uns nun bis zum Schloß. In der ersten Biegung verlassen wir den breiten Weg und werden bald auf einem Hohlweg durch hohen Mischwald bergan geleitet.

Da der Weg so schon mühsam genug ist, müssen wir uns vor dem Aufhocker in Acht nehmen, der hier am Schloßberg umgeht. Gern springt dieser graue Mann einsamen Wanderern auf den Rücken und läßt sich dann von ihnen zum Schloß hinauftragen. Allerdings ist er vornehmlich abends unterwegs.

Vor einer Fichtenschonung treffen wir auf einen breiteren Wirtschaftsweg und müssen ihm nach rechts folgen, bis uns unser *blaues Dreieck* wieder links in den Wald weist. Bald gelangen wir zum *Parkplatz „Auerbacher Schloß“* und müssen in etwa unserer bisherigen Richtung weiter folgen, um zum Schloß zu gelangen.

Wir erkennen schon bald, daß **Auerbacher Schloß** eine recht irreführende Bezeichnung ist, stehen wir doch vor der größten Burgruine der Bergstraße, die mit Torbauten, Burgmauern, Bergfried und Wohngebäuden alle typischen Merkmale einer klassischen Höhenburg aufweist. Tatsächlich ist die Benennung als Schloß auch erst seit etwa hundert Jahren gebräuchlich.

In dem großen Palas kann man noch gut die ehemaligen Kamine im ersten und zweiten Stockwerk erkennen. Vom Palas führt eine Treppe auf eine Aussichtsebene, auf welcher hoch über dem Burghof eine uralte Kiefer wurzelt. Von hier oder auch vom Eckturm kann man bei schönem Wetter weit über die Rheinebene bis hin zum Taunus sehen.

Nach einer alten Sage befindet sich unter dem Burghof ein tiefes Verlies, in welchem zwölf Männer einen großen Schatz hüten. Im benachbarten Reichelsheim (siehe Kapitel 5) gab es einen Mann, der sich hier jahrelang mit viel Geld versorgte, bis er aus Übermut frech zu den Schatzhütern wurde. Da verprügelten sie ihn und er konnte das Gewölbe fortan nicht mehr finden.

Die Burg wurde zu Beginn des 13. Jahrhunderts von den Grafen zu Katzenelnbogen errichtet, die erhaltenen Teile stammen jedoch aus dem 14. und 15. Jahrhundert. Als das Geschlecht der Katzenelnbogener noch im Mittelalter ausstarb, wurde die Burg zunächst knapp hundert Jahre als hessischer Amtssitz benutzt, später aber nur noch vom Förster bewohnt. So war die Burganlage bereits sehr vernachlässigt und kaputt, bevor sie bei kriegerischen Auseinandersetzungen im 17. Jahrhundert endgültig der Zerstörung anheim fiel.

Im äußeren Burghof befindet sich heute anstelle der mittelalterlichen Wirtschaftsgebäude die Burggaststätte, in der man neben opulenten Rittermahlen auch ein einfaches Eis erstehen kann.

Auerbacher Schloß

Für den Abstieg nach *Auerbach* schlüpfen wir außerhalb der Burgtore rechts durch die Steinmauer und folgen einem steilen Pfad bergab durch noch jungen Wald. Wir treffen auf den Querweg „Unterer Schloßrundweg“ und gelangen auf einem asphaltierten Weg zu einem *Funkmast.* Dort biegen wir auf dem mit einer *gelben 3* gekennzeichneten Weg nach links ab und sind nach dem oft hektischen Treiben auf der Burg schon wieder von vollkommener Waldesstille umgeben. Auf dem Graspfad überqueren wir eine Kreuzung und gelangen schließlich weiter unten auf eine schmale Waldstraße, welche uns nach rechts weiter bergab führt. Im Talgrund überqueren wir die Hauptstraße und stehen vor einem schön restaurierten *Mühlenanwesen.* Der Fußweg führt nun 200 Meter an der Straße entlang, bis wir in Richtung „Waldruhe“ links abbiegen. Dort folgen wir geradeaus dem Weg mit der *gelben 4* und können uns schon nach wenigen Minuten am *Schwanenweiher* von der langen Wanderung ausruhen.

i

Wie kommt man zum Fürstenlager?
Mit der Bahn ist Auerbach aus Richtung Heidelberg, Mannheim oder Darmstadt zu erreichen.
Auerbach liegt zwischen Zwingenberg und Bensheim an der B 3.
Das Fürstenlager ist in der Ortsmitte in Richtung auf den Odenwald ausgeschildert. Kurz vor dem Ortsende zweigt rechts eine schmale Straße ab, nach 50 m liegt rechts ein Parkplatz.

Weglänge:
Fürstenlager allein etwa 3 km, mit Auerbacher Schloß ca. 7 km

Fürstenlager
Öffnungszeiten: April bis Oktober
täglich ab 11.30 Uhr bis zur Dunkelheit
geöffnet

Eintritt: frei
Im Sommer werden etwa einmal im Monat Führungen angeboten.
Dauerausstellungen im Fremdenbau und in der Alten Wache sowie die Sonderausstellungen im Damenbau bitte telefonisch erfragen.

Auskünfte: Verwaltung der Staatlichen Schlösser und
Gärten Hessen
Außenstelle Bensheim/Lorsch
Staatspark Fürstenlager
64625 Bensheim Auerbach
Telefon 0 62 51/93 46-0
Telefax 0 62 51/93 46 46

Auerbacher Schloß

Öffnungszeiten:	dienstags bis sonntags	10.00 – 18.00 Uhr
Eintritt:	frei	

Einkehrmöglichkeiten: Parkhotel Herrenhaus, kein Ruhetag
Auerbacher Schloß, kein Ruhetag,
11.00 – 24.00 Uhr,
sowie diverse Möglichkeiten in Auerbach

Tip:
Am Pfingstsonntag und einmal im August (Termin telefonisch erfragen) werden im Schloß Ritterturniere veranstaltet.
Jeden Samstag findet im Schloß ein Rittermahl statt, telefonische Anmeldung erforderlich.

Auskünfte: 0 62 51/7 29 23

Kartenempfehlungen:

1 : 50 000	Hessisches Landesvermessungsamt
TF 50-1	Naturpark Bergstraße-Odenwald Nordwest
1 : 25 000	Hessisches Landesvermessungsamt
TK 25 6217	Zwingenberg und TK 25 6317 Bensheim

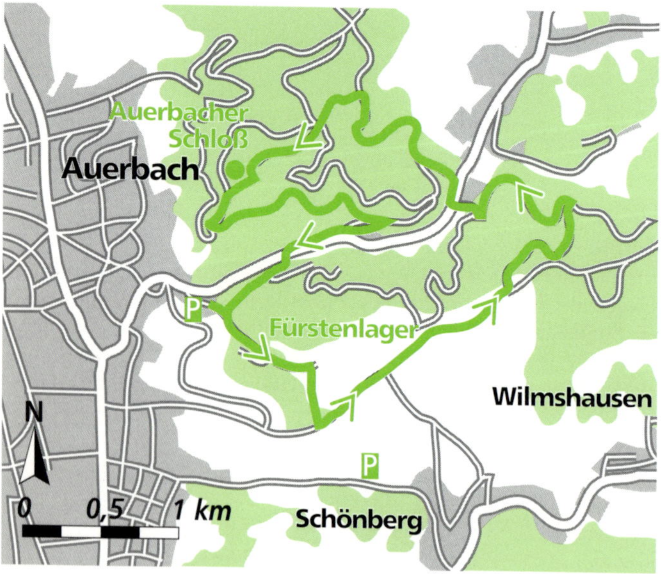

Von Lindenfels zum Bergtierpark in Erlenbach

Mitten im Odenwald wurde 1960 auf private Initiative hin ein ganz besonderer Tierpark gegründet: An den Berghängen über Erlenbach sind zahlreiche seltene Tierarten aus nahezu allen Gebirgsregionen der Welt anzutreffen. Sie leben hier in großen Gehegen mit viel Auslauf. Wir beginnen unsere Wanderung dorthin im schmucken Kurort **Lindenfels**, welcher mit seiner schönen Aussicht auf die umliegenden Höhenzüge zurecht „Perle des Odenwalds" genannt wird und ständig Scharen von Besuchern anlockt.

Vom *Parkplatz „Kappstraße"* aus bietet sich uns schon ein erster Blick auf die *Lindenfelser Altstadt* mit der mächtigen Burgruine und daneben weit auf die umliegenden Wälder.

Wir verlassen den Parkplatz nach rechts in Richtung auf die Stadtmitte zu. Wir gehen bis zur „Nibelungenstraße", wenden uns nach links und folgen ihr bis zur Fußgängerzone, welche direkt zur **Burg** führt. Vorbei am Rathaus, Kirchen und Kuranlagen gelangen wir zum äußeren Burgtor. Vom nächsten Eckturm aus können wir wie die alten Ritter weit ins Tal nach Feinden spähen.

Folgen wir dem Weg weiter nach rechts, so stehen wir bald vor dem inneren Burgtor und können hier die Kernburg betreten. Am Tor sind noch gut die Schlitze für die Ketten der ehemaligen Zugbrücke zu erkennen. In der Mitte über dem Tor befindet sich eine nicht mehr funktionstüchtige Pechnase, durch welche früher heißes Öl oder Pech auf unliebsame Eindringlinge geschüttet werden konnte. Eine der daneben angebrachten steinernen Spottmasken streckt dem Angreifer obendrein noch die Zunge raus.

Die gesamte innere Ringmauer war früher mit Gebäuden bebaut, von denen allerdings zumeist nur noch die Grundmauern oder einige Kellergewölbe erhalten sind. Gleich linker Hand befand sich der Palas, daran schlossen sich Verwaltungsgebäude, eine Pfarrerswohnung, die Kapelle sowie weitere Wohnungen, Speicher und das Gefängnis an. In der Mitte des Hofes sind die Fundamente eines großen, runden Turmes zu erkennen. Wir können die Mauerreste der Burg erklimmen und weit über den Burghof auf den Odenwald schauen.

Übrigens ist die Lindenfelser Burg eine der ältesten Höhenburgen des Odenwalds. Ihre Erbauung wird auf die Mitte des 11. Jahrhunderts datiert, wobei die bis heute erhaltenen Reste meist spätere Zutaten sind. So stammen die Artillerietürme des äußeren Burghofs zum Beispiel erst

In der Burgruine Lindenfels

aus dem 16. Jahrhundert, als die weiterentwickelte Kriegstechnik ihren Bau ratsam erscheinen ließ. Ein großes Gemälde an der Burgmauer illustriert anschaulich das Leben auf der mittelalterlichen Burg.

Es ist eine traurige Besonderheit dieser Burganlage, nicht in kriegerischen Auseinandersetzungen zerstört worden zu sein, sondern „ein Opfer der Beschränktheit der Beamten“ geworden zu sein, wie der

Burgenforscher Walther Möller es vor dem 2. Weltkrieg in seiner „Burgenkunde für das Odenwaldgebiet“ formulierte. Nachdem die Bauten im 18. Jahrhundert abgedankten Soldaten als Wohnung überlassen worden waren, kümmerte sich die Regierung kaum noch um ihre Pflege, bis eine Instandhaltung schließlich zu teuer erschien. 1781 wurde der Abriß der Burg beschloßen und ihre Steine wagenladungsweise für einen halben Gulden verkauft. Nur wenige Jahrzehnte später setzte in der Romantik eine Rückbesinnung auf das Mittelalter ein, viele Burgen wurden restauriert, ja oft sogar mit viel Aufwand künstliche Ruinen errichtet. Da werden sich die Lindenfelser wohl sehr über ihre vorschnelle Handlung geärgert haben.

Jetzt suchen wir unseren weiteren Weg durch den *Burggraben*, wo noch einige Türme erklommen werden können. Insgesamt halten wir uns stadtauswärts und etwas nach rechts, so daß wir bald zu einem Sportplatz kommen, hinter dem ein Stufenweg bergab führt. Wir treffen nun auf einen asphaltierten Querweg, der uns nach rechts zu einem kleinen Spielplatz bringt. Direkt vor diesem führt links ein Waldweg bergab. Der Schloßwald ist hier von vielen Wegen und Pfaden durchzogen, wir folgen den Serpentinen abwärts bis zum Waldrand, wo wir den Wanderweg nach links einschlagen.

Es wird erzählt, das hier im Schloßwald ein ruheloser Schimmelreiter als Wegspuk die Burg umrundet, der damit für eine begangene Untat büßen muß.

Nach einigen hundert Metern kommen wir aus dem Schloßwald heraus und befinden uns nun zwischen Wiesen und Obstbäumen. Hier geht es jetzt nach rechts, der Weg ist mit einem *gelben Dreieck* gekennzeichnet und führt uns nach *Schlierbach* hinab. In der Ortsmitte gibt es einen tollen Spielplatz, der zur nächsten Rast einlädt.

Danach laufen wir rechts an ihm vorbei weiter, bis wir zur Hauptstraße kommen und diese überqueren. Am Dorfbach können wir uns die Füße kühlen, Stufen führen von der Straße hinab. Wenn wir uns hier einmal umschauen, werden wir sicher feststellen, das dies ein ausgesprochen schönes Dorf ist, in dem noch viele alte Bauernhöfe erhalten sind.

Wir folgen dem *gelben Dreieck* in die „Waldstraße”, auf welcher wir den Ort wieder verlassen wollen. Bei den letzten Häusern wird der Weg richtig steil. Sanft geschwungen führt er uns nun durch Felder, Wiesen und Baumgruppen auf den Wald zu. Er ist hier mit einer *weißen 24* markiert. Im Tal plätschert rechts ein kleiner Bach, während wir stetig durch den Wald bergan wandern. Nach einiger Zeit biegt der Weg rechts nach Seidenbuch ab, wir halten uns jedoch links zum *Seidenbacher Eck*. Falls es ein recht heißer Tag ist, können

Bergtierpark Erlenbach

wir uns wenige Meter nach dieser Weggabelung rechter Hand am klaren Bächlein erfrischen.

Der Weg führt nun wieder durch Wiesen und geht immer noch bergan. Langsam wird uns klar, warum unser heutiges Wanderziel Bergtierpark heißt: Nicht nur weil er von Bergtieren bevölkert ist, sondern wohl auch, weil er recht hoch am Berge liegt.

Endlich haben wir an einer Kreuzung inmitten von Feldern und Wiesen den höchsten Punkt unserer Tour erreicht. Eine *weiße 26* weist uns auf dem Hügelkamm nach links in Richtung *Eulsbach* weiter. Dieser Weg ist auch mit einem *weiß umrahmten blauen Querstrich* gekennzeichnet und führt uns durch die Wiesen wieder auf einen Wald zu. Dort müssen wir uns beim nächsten Querweg nach rechts wenden und auch beim folgenden Seitenweg rechts bleiben. Jetzt können wir schon bald durch die Bäume die oberste Wiese des **Bergtierparks** erkennen und folgen dem Weg links auf sie zu. Sicher hören wir hier schon Ziegen, Schafe und anderes Getier. Der Weg führt uns nun rechts an den Weiden des Geheges entlang, unter den Bäumen zu unserer Linken werden wir mit etwas Glück bald die ersten Lamas liegen sehen. Bei den Emus, großen australischen Laufvögeln, wendet sich der Weg bergab. Wir passieren den Ausgang des Parks und gelangen dann zum Gehege der *Guanakos*, bei welchen es sich um vom Aussterben bedrohte Gebirgskamele handelt. Als nächstes kommen wir zu den *Mähnenspringern*. Dieses ebenfalls schon fast ausgerottete Wildschaf aus Nordafrika ist ein großer Kletterkünstler. Der männliche Anführer steht gern stundenlang malerisch auf einem Felsblock herum und hält von dort Wache über seine Herde. Vorbei an einigen Ponys gelangen wir nun zur Kasse, wo uns die bunten Papageien Ringo und Mucki erwarten.

Im Gelände selbst passieren wir zunächst das Affenhaus mit einigen Berberaffen und treffen dann auf Ziegen und Schweine, bevor wir zu den Känguruhs gelangen. Hier erfahren wir auch endlich, warum diese nicht etwa Buschspringer oder Beutelhüpfer sondern eben Känguruhs heißen. Oder weiß das schon jemand? Desweiteren beherbergt der Park neben einheimischen Tieren wie Gemsen oder Steinböcken und einer großen Anzahl niedlicher Zwergziegen noch eine Vielzahl fremdartiger Gebirgstiere wie Alpakas, Mufflons oder gar Yaks aus dem Himalaya. Über die Brücke an ihrem großen Freigehege gelangen wir nach dem Rundgang links oben zum Ausgang mit der Drehtür, durch welche wir den Park schließlich wieder verlassen und auf demselben Weg wie vorhin auf den Wald zuwandern.

Hinter dem letzten Gehege wenden wir uns dann nach rechts und sind bald wieder auf dem Weg mit dem *weiß umrahmten blauen Querstrich*, welchem wir nach rechts durch hohe Buchenwälder folgen. Kurz nachdem von links ein kleines Rinnsal aus dem Wald kommt und der Hauptweg langsam immer weiter nach rechts lenkt, führen mehrere Pfade nach links in den Wald, auf denen wir zum oberen Teil einer Waldwiese gelangen. Hier nimmt der Weg wieder deutlichere Konturen an und führt am Rande der Wiese ins Tal hinab. Vielleicht sollten wir an dieser Stelle die Kinder als Kundschafter aussenden, sicher werden sie die Wiese bald gefunden haben und können uns dann den richtigen Weg zeigen.

Bald sehen wir Lindenfels wieder vor uns liegen, der Weg ist wieder mit der *weißen 26* markiert. Zügig geht es abwärts nach *Eulsbach*, wo wir geradewegs zur Hauptstraße laufen und diese dann überqueren. An der Scheune ist Lindenfels ausgeschildert, ein *umgekehrtes rotes T* des Odenwaldklubs markiert nun die Strecke. Beim nächsten Querweg halten wir uns links und gelangen bald aus dem kühlen Schatten des Waldwegs aufs offene Feld. Dort müssen wir gleich nach rechts abbiegen und wandern nun auf einem schönen Feldweg in Richtung Lindenfels. Nach einiger Zeit mündet dieser dann auf einen Asphaltweg, welchem wir bergan nach links folgen.

Nach etwa hundert Metern sollten wir einmal genau in die Apfelbäume zu unserer Rechten schauen und dort nach grünen Pflanzen Ausschau halten. Leicht ist es am Anfang wirklich nicht, die gut versteckten Misteln zu entdecken, die hier auf Augenhöhe nur wenige Meter von uns entfernt wachsen. Diese Schmarotzerpflanzen waren schon den Kelten heilig und werden von Miraculix unter Einhaltung strenger Rituale für den Zaubertrank vom Baum geschnitten.

Bald erreichen wir dann die ersten Häuser von *Lindenfels*. Das *rote umgekehrte T* führt uns durch zwei Stadttore, von denen das eine wieder eine fratzengeschmückte Pechnase aufweist, und vorbei am Verließ aus dem 16. Jahrhundert ins Stadtzentrum. Hier haben wir die Gelegenheit in einem der vielen Cafés einzukehren oder auch nur ein Eis zu erstehen, bevor wir dann zum *Parkplatz an der „Kappstraße"* zurückkehren.

i

Wie kommt man nach Lindenfels?
Lindenfels liegt an der B 47 ("Nibelungenstraße") und ist leicht von der Bergstraße aus erreichbar. Ein kostenloser Parkplatz befindet sich unterhalb der Ortsdurchgangsstraße und ist als Parkplatz „Kappstraße" ausgeschildert.

Weglänge: ca. 9 km

Burgruine Lindenfels

Öffnungszeiten:	Die Burgruine ist täglich geöffnet	
Eintritt:	Erwachsene	DM 0,80
	Kinder bis 14 Jahren	frei
Auskünfte:	Kur- und Touristikservice Lindenfels Burgstraße 37 64678 Lindenfels Telefon 0 62 55/24 25 oder 30 11	

Bergtierpark Erlenbach
Öffnungszeiten:
ganzjährig von 10.00 Uhr bis zum Einbruch der Dunkelheit

Eintritt:	Erwachsene	DM 5,00
	Schüler	DM 3,00
	Kinder von 3 bis 14 Jahren	DM 2,00
Auskünfte:	Bergtierpark Tierparkstraße 12 64658 Erlenbach Telefon 0 62 53/2 13 26	

Einkehrmöglichkeiten: diverse Möglichkeiten in Lindenfels und Erlenbach

Besonderes:
Am ersten Augustwochenende wird in Lindenfels das große Burg- und Trachtenfest mit vielen Attraktionen veranstaltet.

Tip:
Lindenfels besitzt auch ein schönes Heimatmuseum, für das auf dieser Tour allerdings kaum Zeit bleibt. Vielleicht ergibt sich aber ein anderes Mal ein Besuch dieser Sammlungen, welche neben typischen Handwerks- und Landwirtschaftsgeräten, einem alten Schulzimmer und einer Feuerwehrausrüstung auch Modelle von Stadt und Burg zeigen.

Öffnungszeiten:	April bis Oktober	
	sonntags und feiertags	14.30 - 17.00 Uhr

Eintritt:	Erwachsene	DM 2,00
	Schüler	DM 1,00
	Kinder bis 14 Jahre frei	

Gruppenführungen (nach telefonischer Vereinbarung)
bis 25 Personen DM 40,00
Jede weitere Person DM 2,00
Schulklassen (Termin und Preis nach telefonischer Vereinbarung)

Kartenempfehlungen:
1 : 50 000 Hessisches Landesvermessungsamt
TF 50-1 Naturpark Bergstraße-Odenwald Nordwest
1 : 25 000 Hessisches Landesvermessungsamt
TK 25 6318 Lindenfels

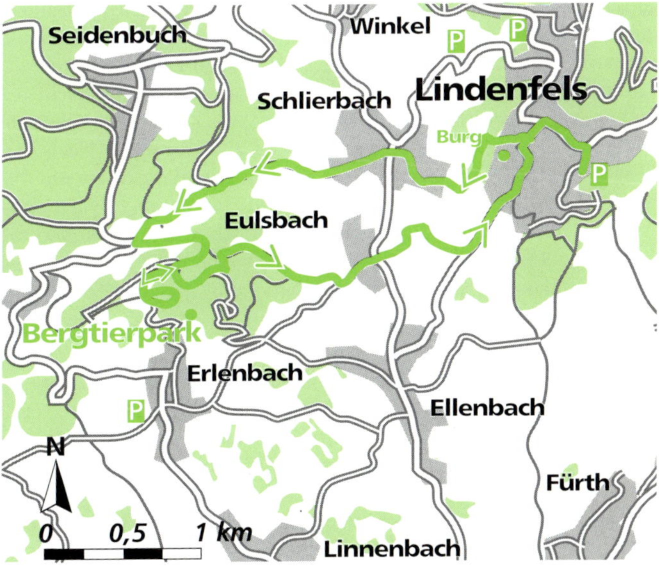

8 Bürgerstolz und ein einführter Graf ...

Streifzüge durch Michelstadt

Als älteste Stadt des Odenwaldes und aufgrund seiner zentralen Lage wird Michelstadt oft als „Herz des Odenwalds" bezeichnet. Bei unseren Odenwälder Wanderungen darf deshalb ein Ausflug zum in aller Welt bekannten Michelstädter Rathaus nicht fehlen. Auch der kleine Vorort Steinbach hält einige interessante Sehenswürdigkeiten für uns bereit. Ein anschließender Besuch des Odenwaldmuseums ergänzt diese und auch manche der anderen Wandertouren mit anschaulichen Informationen.

Wenn wir unsere Streifzüge mit einem kleinen Rundgang durch den ehemaligen *Fürstenauer Schloßpark* beginnen wollen, so müssen wir am Ende des *Parkplatzes in Steinbach* einem schmalen Weg nach rechts folgen. Bald stehen wir vor Nebengebäuden der Schloßanlage und können durch ein verschlossenes Tor bereits einen ersten Blick in den Schloßhof werfen. Bei unserer Umrundung des Areals können wir noch gut erkennen, daß der heutige Bau aus einer ehemaligen Wasserburg hervorgegangen ist. Am Ufer der Mümling entlang umrunden wir die große Wiese und sind schon bald wieder auf dem Weg nach *Steinbach.*

Von hier bietet sich uns jetzt ein imposanter Blick auf die berühmte Einhardbasilika, welche das allerälteste erhaltene Gebäude im Odenwald, ja eines der ältesten im ganzen Land ist. Diese schlichte karolingische Kirche wurde von Einhard, einem engen Vertrauten und Biografen Karls des Großen, kurz nach dem Jahre 800 erbaut. Einhard gehörte zu den gebildetsten Männern im Land und hatte die ganze Gegend um Michelstadt, die damals allerdings noch recht öd und menschenleer war, vom Kaiser geschenkt bekommen, um hier in der Abgeschiedenheit seinen Lebensabend zu verbringen. Nach seinem Tod erhielt das Kloster Lorsch den Besitz und errichtete um die Kirche ein Kloster, welches bis zur Reformation bestand. Nach einigen Jahren als Hospital diente das Gebäude schließlich jahrhundertelang nur noch als Lagerraum, bis es vor etwa hundert Jahren als bedeutendes Bauwerk erkannt und gesichert wurde.

Wir gehen am Parkplatz vorbei und wenden uns dann nach rechts, wo sich der Eingang zur **Einhardbasilika** befindet. Ein kleines Steinmodell zeigt den ursprünglichen Zustand der Kirche nach ihrer Fertigstellung im Jahre 827 als dreischiffige Basilika mit Nebenchören und Apsiden zur Aufstellung mehrerer Altäre sowie einer Eingangshalle im Westen. Heute sind die Arkaden, welche früher die drei Kirchenschiffe verbanden, leider zugemauert und aus statischen Gründen nicht zu öffnen. Unter der Kirche befindet sich eine Krypta, in

Die Wahrzeichen der Stadt

welcher Reliquien verehrt und die Kirchenstifter beigesetzt werden sollten. Der Bau stellt für die damalige Zeit eine enorme technische Leistung dar, wenn man bedenkt, daß es nur sehr wenige Steinbauten gab und die meisten Menschen hier noch in primitiven, strohgedeckten Hütten aus Astgeflecht und Lehm hausten.

Nach der Besichtigung wenden wir uns nach links und folgen der „Schloßstraße", bis wir linkerhand durch einen Torbogen den Hof des **Schlosses Fürstenau** betreten können. Hier stehen wir jetzt wirklich vor einem Märchenschloß! Malerisch überspannt ein großer Bogen seit 1588 den Schloßhof. In dieser Zeit wurde die alte, trutzige Wasserburg in ein prächtiges Renaissanceschloß umgebaut, welches noch heute von der gräflichen Familie bewohnt wird und deshalb von innen nicht zu besichtigen ist.

Wer früher in solch einem Schloß aufwachsen durfte, konnte meist ein Leben in Saus und Braus führen. Eine gute Ausbildung durch Hauslehrer bereitete die adligen Sprößlinge auf ihre späteren Aufgaben im Bereich von Regierung, Militär oder Kirche vor. Auch aufwendige Reisen gehörten zur Bildung und Unterhaltung. Sie waren damals natürlich viel mühsamer und auch viel gefährlicher als heutzutage. So wurde der hier im Schloß aufgewachsene junge Graf Georg Albrecht I. im Jahre 1617 auf einer Italienreise im Mittelmeer von Seeräubern gefangen und nach Nordafrika verschleppt. Dort mußte er ein halbes Jahr in Ketten schmachten, bis das geforderte hohe Lösegeld aus dem Odenwald eingetroffen war. Überall hatte man in der Grafschaft Gottesdienste abgehalten und Geld für den Freikauf gesammelt.

Wir folgen der Straße nun weiter und überqueren die Mümling. Auf der anderen Seite wenden wir uns gegenüber vom ehemaligen *Gartenpavillion* nach rechts und wandern auf **Michelstadt** zu. Beim *Bahnhof* überqueren wir die B 45 und marschieren geradeaus die „Bahnhofsstraße“ weiter. Diese wandelt sich bald in eine Fußgängerzone und trifft schließlich auf die „Große Gasse”, welcher wir nach rechts folgen. Hier passieren wir bald den ehemaligen Standort des unteren Stadttores, welches jedoch 1838 abgerissen wurde. Dahinter befinden wir uns in Michelstadts mittelalterlichem Stadtkern. Zum Marktplatz geht es die Gasse geradeaus weiter. Viele schöne alte Fachwerkhäuser wie zum Beispiel die Hofapotheke von 1557 auf der rechten Straßenseite – heute eine Buchhandlung – zeugen vom Wohlstand der Michelstädter Bürger.

Wenn wir dann den Marktplatz betreten, liegt linker Hand als Wahrzeichen der Stadt das gotische **Rathaus** mit seinen drei Türmchen vor uns. Seit über 500 Jahren steht es nun schon nahezu unverändert im Zentrum der historischen Altstadt. Das Jahr seiner Errichtung wurde mit alten Ziffern in den Mittelständer der offenen Markt- und Gerichtshalle geschnitzt. Die unten offene Acht ist eine gotische Vier. Im Saal über der Halle traf sich der Rat der Stadt zu seinen Besprechungen. Obwohl es sich um eines der bedeutendsten mittelalterlichen Fachwerkbauten Deutschlands handelt, ist der begabte Baumeister den Historikern trotz intensiver Studien nach wie vor unbekannt.

Am Rathaus vorbei gelangen wir nach wenigen Schritten zum alten Amtshaus, wo wir nach rechts zum Hof der ehemaligen *Kellerei* abbiegen. Diese befindet sich am Standort der früheren Michelstädter Burg aus dem 12. Jahrhundert, von der jedoch nur noch bescheidene Reste in den heutigen Gebäuden erhalten sind. Heute beherbergt die Kellerei vor allem zwei Museen:

Zuerst wenden wir uns dem **Spielzeugmuseum** zu. Neben einigen Exponaten typischen alten Spielzeugs wie Dampfmaschinen, Schaukelpferden, Ausschneidebögen und den beliebten Baukästen widmet sich das Museum überwiegend der Puppenwelt, welche Jung und Alt gleichermaßen begeistern dürfte. Eine Vielzahl von Puppenstuben, Puppenküchen und Puppenläden aus der Zeit um die Jahrhundertwende bietet eindrucksvoll ein verkleinertes Abbild längst vergangener Zeiten. In den detailgetreu eingerichteten Küchen läßt sich gut der technische Fortschritt im Haushalt nachvollziehen. Auch die kleinen Kaufläden vermitteln mit ihrem Warenangebot und der gemütlichen Einrichtung ein recht genaues Bild der Vergangenheit. Auch wenn das Museum heute voll von Puppen, Möbeln und anderen Spielsachen ist, sollten wir dabei nicht vergessen, daß all dies prächtige Spielzeug früher recht teuer war und deshalb überwiegend den Kindern der begüterten Oberschicht vorbehalten war. Die ärmeren Kinder mußten sich zumeist mit Lumpenpuppen oder selbstgebastelten Spielsachen begnügen. Das Spielen mag ihnen damit aber genausoviel Spaß gemacht haben.

In der großen Zehntscheuer von 1517 mit fast 500 Quadratmetern Grundfläche befindet sich heute das **Odenwaldmuseum** und zeigt im unteren Geschoß vor allem altes bäuerliches Arbeitsgerät wie Pflüge und Dreschflegel. Auf großen Tafeln wird erklärt, welche Arbeiten in den verschiedenen Jahreszeiten anfielen. Auch die Kinder sind dabei nicht vergessen worden, mußten sie doch früher nicht nur auf ihre jüngeren Geschwister aufpassen, sondern oft auch Tiere hüten oder die Wäschebleiche beaufsichtigen.

Im nächsten Stock findet sich ein schöner Holzschnitt, welcher Michelstadt etwa um das Jahr 1600 zeigt. Die ganze Stadt ist von Mauern und Gräben umgeben. Finden wir uns auf diesem Plan heute noch zurecht? Das ehemalige Stadttor, dessen Standort wir auf dem Weg in die Stadt passierten, ist auf der linken Seite eingezeichnet, das Rathaus befindet sich natürlich in der Mitte am Marktplatz und unser momentaner Aufenthaltsort, die Kellerei, ist rechts zu sehen.

Besser als die Grundmauern im Gelände vermitteln sicher die Nachbauten eines römischen Gutshofes und auch des Badegebäudes von Würzberg (siehe Kapitel 10) den Kindern einen Eindruck aus der Römerzeit.

Das dritte Stockwerk ist vor allem dem alten Handwerk gewidmet. Hier lernen wir die Tätigkeiten von Zimmerleuten, Schindelmachern und Kunstschreinern kennen. Auch wird der lange Weg der Flachsverarbeitung (siehe Kapitel 17) mit Breche, Schwingstock und Hechel bis zum Spinnrad dokumentiert. Hier kann man auch Stoffproben der unterschiedlichen Leinwandqualitäten anfassen. Einige eingerichtete Zimmer zeigen Stube, Küche und Schlafkammer einer Odenwälder Familie etwa um die Mitte des letzten Jahrhunderts.

Der Dachboden schließlich ist einer Sammlung moderner Kunst vorbehalten, welche Kinder zumeist weniger interessieren dürfte.

Nach dem Verlassen des Museums gehen wir geradeaus über den Hof und gelangen dort durch ein kleines Tor zum *Stadtgraben.* Nun folgen wir der ehemaligen Stadtbefestigung einige Meter nach rechts und überqueren dann erneut den Graben. Jetzt stehen wir vor dem sogenannten *Diebsturm,* der vermutlich der Bergfried der alten Michelstädter Burg gewesen war. Seit 1312 diente er nachweislich als Kerker, daher der Name. Von hier gelangen wir mit wenigen Schritten wieder zum *Marktplatz.* Wir können jetzt noch weiter die verwinkelten Gassen der Altstadt erkunden, oder aber auch in einem der vielen Cafés ausruhen.

Auf dem Rückweg zum *Parkplatz in Steinbach* halten wir uns vor der Mümling rechts, überqueren den Fluß dann jedoch auf der ersten Brücke, welche mit einem *weißen E* gekennzeichnet ist. Über den Mühlgraben gelangen wir so zur „Schloßstraße". Hier wenden wir uns nach links und biegen nach kurzer Strecke rechts ab, schon sind wir wieder am Auto.

i

Wie kommt man zum Parkplatz in Steinbach?
Michelstadt liegt an der Bahnlinie Darmstadt-Eberbach. Vom Bahnhof sind es nur wenige Minuten nach Steinbach.
In Michelstadt kreuzen sich die Bundesstraßen 45 und 47. Steinbach liegt westlich von Michelstadt jenseits der Mümling an der B 47 („Nibelungenstraße"). Der Parkplatz ist ausgeschildert.

Weglänge: ca. 5 km

Einhardbasilika

Öffnungszeiten:	März bis Oktober	10.00 – 12.00 Uhr
	und	13.00 – 19.00 Uhr
	November bis Februar	11.00 – 15.00 Uhr
	stündlich Führungen	
Eintritt:	Erwachsene	DM 3,00
	Kinder	DM 2,00
	Führung pro Person	DM 5,00

Schloßhof Fürstenau

Öffnungszeiten:		9.00 - 16.00 Uhr
Eintritt:	frei	

Spielzeugmuseum

Öffnungszeiten:	2. Samstag vor Ostern bis 1. November	
		10.00 – 12.00 Uhr
	und	14.00 – 17.00 Uhr
	montags geschlossen	

In der Adventszeit zum Odenwälder Weihnachtsmarkt und vom 27. bis zum 30. Dezember geöffnet

Eintritt:	Erwachsene	DM 2,00
	Kinder	DM 1,00

Odenwaldmuseum

Öffnungszeiten:	2. Samstag vor Ostern bis 1. November	
	dienstags bis freitags	10.00 – 12.30 Uhr
	und	14.00 – 17.00 Uhr
	samstags und sonntags	10.30 – 12.30 Uhr
	und	14.00 – 17.30 Uhr
	montags geschlossen	
Eintritt:	Erwachsene	DM 2,00
	Kinder	DM 1,00
	Gruppen ab 20 Personen	DM 1,50

Auskünfte: Städtisches Verkehrsamt
Marktplatz 1
64720 Michelstadt
Telefon 0 60 61/7 41 46

Einkehrmöglichkeiten: diverse Möglichkeiten in und um Michelstadt

Tip:
An einem heißen Sommertag kann anschließend dem Waldschwimmbad im Norden der Stadt ein Besuch abgestattet werden. Es ist von der B 45 bei einem bekannten amerikanischen Schnellrestaurant ausgeschildert.

Kartenempfehlung:
1: 50 000 Hessisches Landesvermessungsamt
TF 50-2 Odenwald Nordost

9 Wildschweinfütterung im Gräflichen Park

Im Englischen Garten von Eulbach

Nachdem das mittelalterliche Dorf Eulbach im 30jährigen Krieg verwüstet worden war, verpachteten die Erbacher Grafen die Ländereien zunächst an einen zugewanderten Hofbauern und errichteten schließlich 1771 auf der Gemarkung ein Jagdhaus. Durch mehrere Umbauten entstand daraus das heutige kleine Schlößchen, welches noch immer von der gräflichen Familie bewohnt wird. Im Jahre 1802 begann der Graf das kahle Feld vor dem Schloß in einen Park zu verwandeln. Die Pläne dazu stammten von dem bedeutenden Gartenkünstler Friedrich Ludwig von Sckell, welcher einen sogenannten Englischen Garten schuf, in dem sich exotische Bäume, künstliche Teiche und allerlei Altertümer zu einer romantischen Landschaft zusammenfügen. Seit 1950 wurden am Rande des Parks mehrere Wildgehege geschaffen, in denen einheimische, doch teilweise recht seltene Tiere leben. Wildfutter gibt es an der Kasse oder an Automaten, welche 50-Pfennig- oder 1-DM-Stücke nehmen.

Vom Parkplatz neben dem Jagdschloß aus überqueren wir die „Nibelungenstraße" und stehen schon bald am Eingang des **Englischen Gartens**. Nachdem wir unseren Eintritt bezahlt und uns ausreichend mit Wildfutter versorgt haben, biegen wir gleich hinter dem Kassenhäuschen nach rechts ab und gelangen so zu den Gehegen der Rothirsche, des Damwilds und der kleinen Sikahirsche. Diese ursprünglich aus Japan stammende Art wurde in einigen Gegenden Deutschlands ausgesetzt und hat sich dort erfolgreich etablieren können. Die kleinen Sikas sind besonders zutraulich und fressen den Kindern gern die Maiskörner aus der offenen Hand.

Am langen Gehege der verschiedenen Hirscharten vorbeiwandernd gelangen wir bald zu den Mufflons. Dieses charakteristisch schneckenförmig behörnte Wildschaf stammt ursprünglich von den Mittelmeerinseln Korsika und Sardinien, wurde jedoch schon vor vielen Jahrzehnten in verschiedenen Regionen Europas als Jagdwild ausgesetzt und lebt heute auch in den deutschen Mittelgebirgen, wo es übrigens vor der letzten Eiszeit schon einmal heimisch war. In freier Wildbahn leben die weiblichen Mufflons mit ihren Lämmern und den Jungböcken zusammen, wobei sie von einem alten Weibchen angeführt werden, während die Widder außerhalb der Paarungszeit in Bockrudeln umherstreifen. Bei Rang- und Rivalenkämpfen gehen die Widder wie bei einem Duell zunächst einige Schritte auseinander um dann mit voller Geschwindigkeit aufeinander zuzustürmen und die Hörner mit lautem Getöse gegeneinander zu rammen.

Englischer Garten bei Eulbach

Vom Mufflongehege können wir jetzt einen kleinen Abstecher zur *Eberhardsburg-Ruine* machen, die zum Teil mit Originalstücken der Wildenburg und anderer historischer Bauten errichtet wurde, was Denkmalschützern natürlich ein Greuel sein muß. In der Ruine läßt sich jedoch prima spielen und man hat von hier aus einen schönen Blick über den See, an dem wir gleich die Enten füttern können. Auf der Insel steht eine kleine verwunschene Kapelle, die manchmal noch kirchlichen Zwecken dient. Direkt am See befindet sich ein toller Spielplatz, welcher von den Kindern wohl erstmals eine Weile erkundet werden wird, während es sich die Eltern auf den Rastbänken bequem machen können.

Unmittelbar hinter Spielplatz und Kiosk liegt das 30.000 qm große Wisentgehege, dessen Bewohner der besondere Stolz des Grafen sind. Dieses große und bis zu 1.000 Kilo schwer werdende Wildrind bevölkerte einst weite Teile Europas. Während in Deutschland der letzte Wisent schon im 13. Jahrhundert erlegt wurde, konnten sich die Tiere in den Urwäldern Polens noch bis nach dem 1. Weltkrieg halten. Nachdem jedoch 1926 auch dort das letzte freilebende Tier Wilderern zum Opfer gefallen war, gab es nur noch in den Zoos einige wenige Wisente, welche nun gezielt weitergezüchtet wurden, um das urtümliche Rind vor dem endgültigen Aussterben zu bewahren. Mittlerweile konnte der Bestand gesichert und erste Herden wieder ausgewildert werden. An der linken Seite des Geheges befindet sich ein großer Beobachtungsstand, von dessen erhöhter Position aus wir das weitläufige Gelände gut überblicken können. Bei dem nicht weit entfernten Unterstand werden die Wisente gefüttert.

Wenn wir von hier aus dem Weg am Rande des Parks entlang folgen, gelangen wir bald zu einem weiteren Teich, an dem die Wildschweine leben. Der matschige Boden des Geheges wird von ihnen ständig nach Nahrung durchwühlt, wobei sie als Allesfresser nicht wählerisch sind und sowohl Würmer und Insekten als auch Eicheln, Bucheckern und unser Wildfutter verzehren. Beim Füttern sollten wir darauf achten, daß auch die hübsch gestreiften kleinen Frischlinge einen Teil abbekommen, da sie von den großen Schweinen immer weggedrängt werden. Die Schweine sollte man nicht aus der Hand fressen lassen, da sie beißen können. Die Frischlinge werden übrigens im März und April zur Welt gebracht, so daß es in den folgenden Wochen die niedlichsten kleinen Ferkel zu beobachten gibt.

Ein gemütlicher Spaziergang durch den Park führt uns dann über kleine Wiesen, durch Waldstücke und Rhododendronhaine. Auf Schritt und Tritt begegnen uns dabei Relikte der Vergangenheit, welche vor allem von dem Altertumsforscher und Parkgründer Graf Franz I. zu Erbach-Erbach zusammengetragen wurden. Neben den großen rekonstruierten römischen Kastelltoren von Würzberg und Eulbach verdienen auch die kleineren Funde wie Legionärsgrabsteine, der Viergötterstein und andere Inschriftensteine unsere Aufmerksamkeit. Doch nicht nur die Römerzeit ist am Wegesrand gegenwärtig: Alte Gemarkungsteine mit eingemeißelten Wappen kennzeichnen seit dem Mittelalter die Grenzen von Grafschaften und Bistümern. Auf vielen der Steine sind drei Sterne als Wappen der Grafschaft Erbach und ein Rad für das Erzbistum Mainz zu sehen.

Vom großen Obelisken zweigt rechts ein Pfad zum Gartenhäuschen in der Südwestecke des Parks ab, von wo uns dann eine schattige Allee zum Ausgang führt.

i

Wie kommt man nach Eulbach?
Der Parkplatz am Jagdschloß liegt an der B 47 ("Nibelungenstraße") zwischen Michelstadt und Amorbach

Weglänge: 2 bis 3 km

Öffnungszeiten:	In den Sommermonaten	
	täglich	9.00 – 18.00 Uhr
	in den Wintermonaten	
	täglich	9.00 – 16.00 Uhr

Eintritt:	Erwachsene	DM	6,00
	Schüler	DM	5,00
	Kinder bis zu 6 Jahren	DM	2,00

Einkehrmöglichkeiten: Wildparkschänke (dienstags Ruhetag)

Tip:
In den Wäldern um Eulbach lassen sich gut noch kürzere oder längere Spaziergänge anschließen, wobei man zum Beispiel durch den großen Gräflichen Wildpark wandern kann. Zur Jagdzeit (1. September bis 15. Oktober) ist der Park allerdings gesperrt.

10 An der Grenze des römischen Reiches

Am Odenwaldlimes bei Würzberg

Der heutige Ausflug führt uns weit zurück in die Vergangenheit des Odenwaldes, als es hier noch keine Burgen, Ritter oder kleine Bauerndörfer gab, sondern Römer und Germanen um die Vorherrschaft über ein Stück unwegsame Urwaldwildnis rangen.

An unserem schattigen *Waldparkplatz bei Würzberg* beginnen mehrere ausgewiesene Wandervorschläge. Wir folgen zunächst dem mit einer *gelben 6* gekennzeichneten Weg. Vom Parkplatz führt er uns zuerst einige Meter auf der kaum befahrenen Straße in Richtung auf das Dorf Würzberg zurück, biegt dann aber gegenüber der hohen Baumgruppe rechts in die Felder ab. Vor dem Waldrand führt er links am Feld entlang. Auf diesem Wiesenpfad kann das Gras vormittags noch recht feucht sein, also richtiges Schuhzeug wählen! Am Ende von Feldern und Wiesen geht es dann auf einem Wirtschaftsweg nach rechts in den Wald hinein. Im hohen Nadelwald können wir ab und an Blaubeergestrüpp und Himmbeerbüsche sehen, die uns zur rechten Jahreszeit mit süßer Wegzehrung erfreuen. An manchen Stämmen finden wir unser Wegzeichen, die *gelbe 6*.

Plötzlich geht es einen kleinen Abhang hinunter und wir stehen vor einem großen Buchenwald. Unser Zeichen weist uns auf dem Querweg nach links. Wir wandern jetzt auf einem alten, gewundenen Waldweg durch schöne Mischwaldbestände. Wieder geht es einen Abhang hinab, erneut treffen wir auf einen Querweg, doch wenden wir uns diesmal nach rechts, noch immer begleitet von unserer *gelben 6*.

Linker Hand kündet bald ein *kleines Schild* von einem „*weißen Stein*", welcher hier im Wald liegen soll. Wer hat ihn zuerst gefunden? Dies wird gar nicht so einfach sein, da der Stein trotz seines Namens überhaupt nicht weiß ist, sondern aus rotem Sandstein besteht. Eine Tafel gibt uns über diese Irreführung Auskunft: Der Stein ist kein weißer, sondern ein weiser Stein, da er als unverrückbares Grenzzeichen das Wissen um die Größe des Landes weitergibt. Bei Vermessungen und Überprüfungen des Grenzverlaufs wurden rund um das Kreuz in der Mitte viele Jahreszahlen in den Steinblock geritzt. Welche Zahlen könnt ihr trotz Moosen, Flechten und den Spuren der Verwitterung noch entziffern? Welches ist die älteste, welches die jüngste? Oft ist es leichter mit dem Finger den Rillen im Stein nachzufahren.

Soweit wir erkennen konnten, sind es neun Jahreszahlen: Links neben dem Kreuz 1753, 1712 und 1727, rechts neben dem Kreuz 1653 und 1678, unter dem Kreuz 1900. An der Vorderseite des Steins befindet sich eine 1821 und eine 1784 und auf seiner rechten Schmalseite noch eine 1945.

Übrigens ist die lange Schneise im Wald noch heute die Landesgrenze zwischen Hessen und Bayern

---

Zurück auf dem Weg kommen wir bald durch hohen Buchenwald, später dann durch Fichten- und Kiefernwälder. Bei einer Lichtung beschreibt der Weg eine Rechtskurve. Etwa hundert Meter bevor wir wieder das offene Feld erreichen würden, biegen wir nach links ab. Dieser Weg ist mit einer *weißen Wü 2* gekennzeichnet. Wir treffen auf die asphaltierte Straße, gehen auf ihr einige Meter nach links, überqueren sie und folgen nun einem Weg mit *gelber 5* in den Wald. Der zunächst recht breite Weg verwandelt sich langsam in einen Graspfad, doch folgen wir unbeirrt davon der *gelben 5* sowie einer *weißen Wü 1*. Auch hier verlief eine Grenze, wie uns Sandsteine mit den eingemeißelten Symbolen Rad und Bischofsstab für Mainz und Würzburg verraten.

An der Straße wenden wir uns nach rechts und gelangen bald zu einer Bushaltestelle. An der Schranke sind es nun noch 250 Meter bis zu den **römischen Ausgrabungen**. Was aber haben denn die Römer hier mitten im Odenwald gemacht?

Vor bald 2.000 Jahren hatten sie ihren Aufstieg zur europäischen Großmacht nahezu abgeschlossen. Nachdem sie zunächst Italien und später das gesamte Mittelmeergebiet unterworfen hatten, besiegte Caesar die französischen Kelten, die Gallier, welche uns aus Asterix und Obelix gut bekannt sind. Die Römer besetzten nun große Teile Englands und drangen auch zu den Germanen vor. Hier kam es ständig zu kriegerischen Ausseinandersetzungen mit germanischen Stämmen, weshalb die Römer zur Sicherung des eroberten Landes leicht überschaubare Schneisen in den dichten Urwald schlugen und mit hölzernen Wachtürmen versahen. Dieser Limes trennte nun hier, wo wir stehen, das große römische Reich vom freien Germanien. Im Nordwesten reichte er bis zum Rhein bei Andernach, im Südosten ging er bis zur Donau. Auf einer Gesamtlänge von über 500 Kilometern war er mit fast 1.000 Wachtürmen ausgestattet, welche so immer in Sichtweite voneinander standen. Im Laufe der Zeit wurden die Schneisen mit Gräben, Wällen und Palisaden verstärkt. Die einfachen Holztürme wurden durch Steinbauten ersetzt. Natürlich war dies für die Germanen kein unüberwindbares Hindernis, es funktionierte jedoch sehr gut als Meldesystem: Bei Überfällen konnte mit Feuer oder Rauchzeichen schnell Alarm gegeben und Verstärkung herbeigeholt werden. Ungefähr 200 Jahre hielt diese Grenze stand, dann ging das römische Reich in den Germanenangriffen unter.

Neben den vielen Wachtürmen, die nur mit je vier bis fünf Soldaten besetzt waren, gab es am Limes auch eine Anzahl kleinerer und größerer Kastelle für die Truppen. Hier an der Grenze waren für gewöhnlich keine Römer, sondern Hilfstruppen aus Einwohnern der besetzten Länder im Einsatz. Nach einer Dienstzeit von 25 Jahren wurden sie römischen Bürgern gleichgestellt. Nach ihrer Entlassung ließen sich dann viele als Bauern nieder.

Bei der hier im Gelände noch gut sichtbaren Anlage von Würzberg handelt es sich um ein Numeruskastell, in welchem etwa 150 Soldaten stationiert waren. Die Kastelle waren quadratisch angelegt und hatten je nach Größe zwei, drei oder gar vier Tore. In der Mitte befand sich das Stabsgebäude, das Hauptquartier mit Waffenkammern, Schreibstuben und vor allem dem Heiligtum: der Fahne der Einheit und einer Statue des gottgleichen Kaisers. In der Nähe des Hauptquartiers wohnte der Kommandant. Hier befanden sich auch Vorratsspeicher und Werkstätten. Die einfachen Mannschaften wohnten in langen Baracken. Jeweils acht Soldaten teilten sich zwei Zimmer. Im hinteren wurde geschlafen, im vorderen gekocht.

Zunächst stehen wir jedoch vor dem **Badegebäude** des Kastells, welches besonders schön erhalten und restauriert ist, so daß wir uns anhand der archäologischen Überreste noch einen guten Eindruck vom luxuriösen Badespaß der römischen Soldaten machen können. Zum Baden gehörten Feuer und Wasser, weshalb die Bäder immer aus Stein gebaut wurden und sich so relativ gut erhalten haben. Natürlich finden sich nur noch Grundmauern und Scherben, die Mauern waren schon im Mittelalter eingestürzt oder zerstört worden. Ein römisches Badehaus war bis zu 50 Meter lang und in verschiedene Räume und Bereiche mit unterschiedlichen Temperaturen geteilt. Die großen Räume dienten dem Aufenthalt und der Körperpflege. Die Wasserbecken befanden sich in seitlich abgetrennten Nischen. Das Badehaus läßt sich also eher mit einer großen Saunaanlage als mit einem Schwimmbad vergleichen.

Aus dem Umkleideraum betrat der Römer den Kaltbaderaum, er war nicht geheizt und besaß ein Kaltwasserbecken. Der runde Vorbau an der linken Seite war ein Schwitzraum. Vom Kaltbaderaum kam man in das mäßig warme Laubad – ebenfalls mit seitlichem Wasserbecken – und als nächstes betrat man das Warmbad mit anschließendem Warmbadebecken. Dies lag dem Heizraum am nächsten. Die Römer waren sehr geschickt darin, es sich in ihren Badehäusern gemütlich warm zu machen: Vom Heizraum strömte die warme Luft des Feuers durch Hohlräume unter dem Fußboden entlang. Man kann gut erkennen, wie dieser Fußboden auf Pfeilern aufgebaut war. Auch an den Wänden wurde die warme Luft durch Röhren emporgeleitet und gab ihre Wärme nach innen ab.

Grundmauer des Römischen Bads

Hinter dem Bad führt ein Pfad zum oben beschriebenen **Kastell**, dessen große Ausdehnung durch den Erdwall zu erkennen ist. Etwa um das Jahr 100 n. Chr. erbaut, bestand es nur wenige Jahre, bis es schon 155 n. Chr. wieder verlassen wurde. Viele der hier gemachten Ausgrabungsfunde sind im Eulbacher Tierpark (siehe Kapitel 9) ausgestellt worden.

Um zum *Parkplatz* zurückzukehren, können wir entweder der Straße an der Bushaltestelle nach links folgen, oder am Kastell vorbei bis zum Feld gehen und dann rechter Hand am Waldrand entlang spazieren, beziehungsweise den direkten Weg über abgeerntete Felder und Wiesen wählen. In jedem Fall ist es nur noch eine kurze Strecke.

Wie kommt man nach Würzberg?
Von der B 47 ist Würzberg zwischen Michelstadt und Amorbach bei Eulbach ausgeschildert. Etwa 1 km hinter dem Dorf befindet sich der Parkplatz.

Weglänge: ca. 6 km

Einkehrmöglichkeiten: mehrere Gaststätten in Würzberg sowie einige in der näheren Umgebung

Tip:
Vom Parkplatz aus sind es nur noch wenige Kilometer bis zum ausgeschilderten Wildschweingehege, wo täglich viele Schweine gefüttert werden.

Öffnungszeiten:	15. März bis 15. Oktober	14.00 – 17.00 Uhr
	ganzjährig	15.00 – 17.00 Uhr
Eintritt:	Erwachsene	DM 2,00
	Kinder	DM 1,00

Kartenempfehlungen:

1 : 50 000	Hessisches Landesvermessungsamt
TF 50-2	Naturpark Bergstraße-Odenwald Nordost
1 : 25 000	Hessisches Landesvermessungsamt
TK 25 6320	Michelstadt

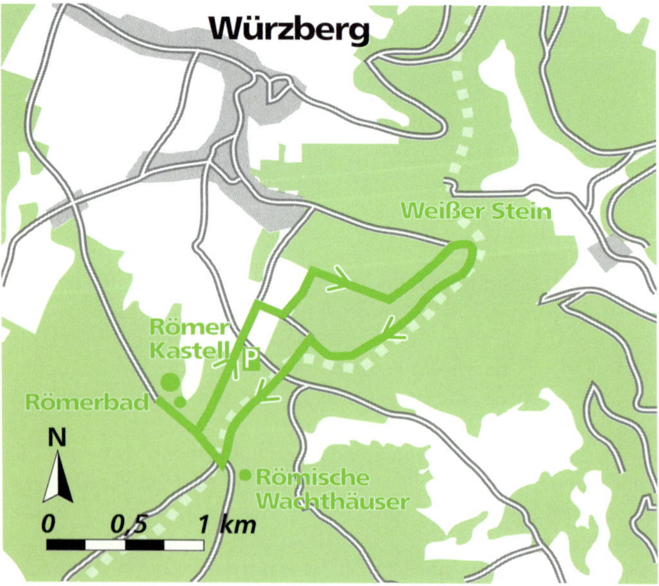

Eine Wanderung durch Miltenbergs Geschichte

In dem romantischen Fachwerkstädtchen Miltenberg ist das Mittelalter noch lebendig. Alte Stadttore, Reste der Stadtmauer, viele außergewöhnliche Fachwerkhäuser und die alles überragende Burg prägen noch heute das Gesicht der Stadt. Auf unserer Wanderung schlagen wir den Bogen von den ersten Spuren keltischer Besiedelung über die Zeit der Römer, welche hier am Limes ein Kastell errichtet hatten, und das glanzvolle Mittelalter bis hinein in die Neuzeit, wobei wir uns die vielen Fachwerkhäuser der Altstadt einmal genauer ansehen werden.

Da es in **Miltenberg** verschiedene Parkmöglichkeiten gibt, wählen wir als Orientierungspunkt für unsere Wanderung die *Heunesäule* beim *Schiffsanleger*. Die große Sandsteinsäule, von deren Sorte noch einige am nahen Bullauer Berg liegen, war im Mittelalter für den Wiederaufbau des im Jahre 1009 niedergebrannten Mainzer Doms gefertigt worden. Vermutlich entschied man sich später, dazu gemauerte Pfeiler zu verwenden, so daß die Säulen dann doch nicht gebraucht wurden und im Wald liegen gelassen wurden.

Von hier aus marschieren wir auf die große Brücke zu, wobei wir an einem schönen Spielplatz mit einem tollen Spielschiff vorbeikommen. Wir spazieren noch ein wenig am Ufer des Mains flußaufwärts, wo sich manche Gelegenheit zum Entenfüttern bietet. Deshalb sollten wir etwas altes Brot dabei haben, damit nicht wertvolle Bestandteile des Proviants im Fluß landen ...

Wir folgen dann dem Hauptverkehrsfluß der „Mainstraße“ in die „Luitpoldstraße”, welche wir an einer Ampel in Richtung Innenstadt überqueren können. Bald stehen wir am großen **Würzburger Tor**, welches um 1400 den Abschluß der Stadtmauer nach Westen bildete. Bei Gefahr und auch des Nachts konnten zwei Fallgitter herabgelassen werden, deren Führungssteine man noch deutlich erkennen kann. Hatten die Torwächter eine Horde von Bösewichten zwischen den Gittern gefangengesetzt, so konnten sie ihnen von oben durch ein Gußloch heißes Wasser oder Schlimmeres aufs Haupt schütten.

Auf der alten, gepflasterten Hauptstraße gehen wir jetzt in die Stadt hinein. Rechter Hand sehen wir bald den hohen gotischen Treppengiebel der mittelalterlichen *Mainzer Domkellerei*. In den Räumen der heutigen Stadtbücherei lebte früher der Amtmann, welcher die Abgaben für das Erzbistum Mainz einnahm.

Nun gelangen wir auf den „Engelplatz”, an dem früher ein gleichnamiges Gasthaus stand, welches heute jedoch das *Rathaus* beherbergt. Im dortigen Verkehrsbüro erhält der Tourist Auskünfte über Miltenberg und Umgebung.

Wir folgen weiter der Hauptstraße und schauen uns dabei das nächste Haus auf der rechten Seite einmal etwas genauer an: Deutlich sieht man hier Reste der alten Stadtmauer. Bis vor 200 Jahren stand hier noch ein weiteres Stadttor. Der rasante Aufschwung Miltenbergs als mittelalterlichem Verkehrsknotenpunkt führte zu mehreren Erweiterungen des Stadtgebietes, welche aus natürlichen Gegebenheiten nur in zwei Richtungen erfolgen konnten. So betreten wir jetzt also einen noch älteren Teil der Stadt. Manch schönes Fachwerkgebäude des 16. Jahrhunderts säumt hier die Straße. Linker Hand liegt jetzt das *Gasthaus „Zum Riesen"*, die angeblich älteste Fürstenherberge Deutschlands. Das eindrucksvolle Fachwerkgebäude ist schon über 400 Jahre alt und beherbergte im 30jährigen Krieg so illustre Gäste wie den König von Schweden, Tilly und Wallenstein. Auch wir können in der rustikalen Wirtschaft einkehren und die geschichtsträchtige Atmosphäre bei günstigen Preisen genießen (Hauptgerichte ab DM 15,-; verschiedene Kinderteller; kein Ruhetag, aber dienstags nur bis 18.00 Uhr geöffnet).

Nach etwa 200 Metern erhebt sich links in der Häuserfront ein hoher Sandsteinbau. In diesem *Alten Rathaus* des 14. Jahrhunderts wurden im Erdgeschoß Waren gelagert, verkauft und gewogen, während sich der eigentliche Ratssaal im Obergeschoß befand. Das Mainzer Rad über dem großen Tor bezeichnet die einstige Landeszugehörigkeit der Stadt. Eindrucksvolle Hochwassermarken künden von der negativen Seite der verkehrsgünstigen Lage am Fluß. Wenn wir unseren Blick in die Höhe schweifen lassen, so erkennen wir unter dem Dach merkwürdig kleine Figuren, welche den Bau schmücken. Was für Wesen könnt ihr da erkennen? Wir meinen dort oben neben Affen, Hunden und Löwen auch Mönche und sogar den Teufel persönlich ausmachen zu können, wobei man den mittelalterlichen Steinmetzen einige Ungenauigkeiten durchgehen lassen sollte. Schließlich hatten sie zumeist noch nie einen Löwen zu Gesicht bekommen.

Als nächstes erreichen wir jetzt Miltenbergs berühmten *Marktplatz*, welcher für viele als Inbegriff des deutschen Mittelalters gilt, obwohl gerade die schönsten Häuser erst aus dem 16. oder gar 17. Jahrhundert stammen. Vom zentral gelegenen Marktbrunnen aus können wir gut die romantische Fachwerkidylle betrachten.

Ein solches Fachwerkhaus wurde Stockwerk für Stockwerk aus miteinander verzapften oder überblatteten Balken auf einem gemauerten Sockelgeschoß errichtet. Bei der Verzapfung werden die schmal zugesägten Balkenenden in ausgestemmte Löcher anderer Balken gesteckt, während bei der Überblattung beide Teile passend ausgekerbt und dann ineinander gelegt werden. Zunächst wurden die Balken am Boden einmal versuchsweise zusammengesteckt und passend gemacht. Nachdem sie mit Bundzeichen durchnummeriert worden waren, wurden sie wieder auseinandergenommen und auf der Baustelle eingebaut. Wir können noch oft die eingekerbten römischen Ziffern an den Balken erkennen. Die Verbindungen wurden dann mit großen Holzpflöcken gesichert. Kein einziger Eisennagel steckte früher in solch einem Haus. In diesem „Hausskelett", welches neben den waagerechten Balken für die Fußböden hauptsächlich aus Ständern (senkrecht), Streben (schräg) und Riegeln (kurze, waagerechte Zwischenstücke) besteht, wurden anschließend die Wände „ausgefacht". Dazu wurden senkrecht in die Gefache geklemmte Hölzer zunächst mit Zweigen umflochten und hinterher mit einem Gemisch aus Lehm und Stroh verschmiert. An alten, baufälligen Scheunen – oder im Museum (siehe Kapitel 13) – kann man diesen Wandaufbau oft noch gut studieren.

Die reicheren Miltenberger Bürger begnügten sich jedoch nicht mit so einem schlichten, zweckmäßigen Fachwerk wie es etwa das obere Haus rechts aufweist, sondern schmückten ihre Häuser mit manch überflüssiger Strebe, geschweiften und verzierten Andreaskreuzen (z. B. im Giebel des kleinen *Torwärterhäuschens* neben dem Sandsteintor auf der rechten Seite), kleinen Bögen oder reich geschnitzten Eckpfosten. So besteht die Fassade des rechts gelegenen *Weinhauses am Alten Markt* schon fast mehr aus hölzernem Fachwerk als aus den dazwischenliegenden Gefachen.

Auf der linken Seite des Marktplatzes befindet sich in der alten Amtskellerei von 1541 – wieder ein überaus schönes Fachwerkhaus – das *Museum* von Miltenberg. Hier werden unter anderem Funde aus der Römerzeit gezeigt, sowie die mittelalterliche Stadtblüte dokumentiert. Wer heute ein richtiger Fachwerkenthusiast geworden ist, der wird die knapp 30 Tafeln zur Baugeschichte des Anwesen sicher mit Interesse lesen.

Anschließend folgen wir der Wasserrinne im Boden bergauf und gelangen so zum *Schnatterlochturm*, welcher dem ganzen Platz seinen Namen gegeben hat und ein Teil der alten Stadtbefestigung ist. Der enge Durchlaß grenzt im Sommer auf eindrucksvolle Weise die heiße und betriebsame Stadt vom ruhigen, kühlen Waldesgrund dahinter ab, für uns eine der schönsten Stellen Deutschlands.

Hier im feuchten Waldtal folgen wir dem mit einer *weißen 1* markierten Weg beständig bergan. Dabei passieren wir eine Brücke und queren anschließend einen Fahrweg. Viel Felsgeröll und Sandsteinbrocken laden im hohen Buchenwald zum Herumklettern ein. Beim *Ottostein* können wir auf einer Bank erstmal eine verdiente Verschnaufpause einlegen. Es geht aber dann noch ein ganzes Stück wei-

Fachwerkpracht in Miltenberg

ter bergan, denn insgesamt müssen auf dieser Wanderung mehr als 300 Höhenmeter überwunden werden!

Zum Ringwall halten wir uns dann nach rechts und folgen weiter der *weißen 1* durch den Wald. Große Felsplatten liegen hier am Wegesrand und öfters plätschern kleine Bächlein den Hang hinab.

Der Weg führt uns in weiten Schwüngen bergauf. Wenn nach einiger Zeit links des Weges die in Sandstein gefasste *Zwillingsquelle* liegt, haben wir die Abzweigung des markierten Weges bereits verpasst. Wenn wir hier einen Suchtrupp aussenden, so müßte er nur etwa 50 Meter auf dem Weg zurückgehen, um den schmalen Pfad zu finden, der hier recht steil in den Wald führt. Die *weiße 1* ist dann an vielen Bäumen und auch auf Felsen aufgemalt. Der hohe Buchenwald ist am Boden von vielen Farnen bedeckt.

Wir queren einen Fahrweg und müssen uns weiter bergauf halten. Erst beim nächsten Waldweg können wir diesem endlich nach rechts folgen. Nun sind es nur noch 50 nicht mehr ganz so steile Höhenmeter bis zum Gipfel des *Greinberges* in der Mitte der alten Keltenschanze. Wenn der Weg seinen höchsten Punkt erreicht hat und nur noch eben weiterführt, müssen wir einen grasbewachsenen Waldweg nach rechts einschlagen. Schon bald stehen wir dann vor dem imposanten **Ringwall** mit umlaufendem Graben. Er ist sozusagen die älteste Vorgängersiedlung Miltenbergs und wurde von den Kelten in der Mitte des ersten vorchristlichen Jahrtausends angelegt. Diese leider noch nicht zur Genüge erforschten Höhensiedlungen dürften den Kelten als befestigte Dörfer mit Handwerksbetrieben und Kultstätten gedient haben. In manchen ähnlichen Wallanlagen konnten die Archäologen bereits interessante Funde machen und auch Spuren der typischen keltischen Pfostenhäuser freilegen (siehe Kapitel 19). Nach den Kelten kamen zunächst die Germanen, welche aber lieber in kleinen Taldörfern lebten, und später die römischen Legionäre, welche hier ein kleines Heiligtum auf dem Berg errichteten.

Wir wandern nach links auf dem Wall entlang, bis wir auf einen Fahrweg treffen, der durch die Anlage hindurchführt. Der Weg führt uns nach rechts bis zu einem Wendeplatz. Wir halten uns weiter geradeaus und werden dort außerhalb des Walls für den mühsamen Aufstieg mit einem großartigen Blick über das Maintal und über den Odenwald belohnt. Auf der anderen Seite des Flusses können wir das *Kloster Engelberg* bei Großheubach erkennen. Ein Schild weist uns hier auf einen verschlungenen Pfad bergab nach Miltenberg. Ein *blaues Kreuz* führt uns dabei sicher durch die erst wenige Jahre alten Neuanpflanzungen. Zunächst ist es eine Kletterei über viel Gestein, dann wird der Weg jedoch zu einem grasbewachsenen Trampelpfad. Das *blaue Kreuz* führt uns in langen Serpentinen bergab, wobei wir uns am ersten Fahrweg zunächst nach rechts halten müssen, um dann bei der nächsten Kreuzung scharf nach links abzubiegen. Noch einmal müssen wir uns nach rechts wenden und dann etwa eineinhalb Kilometer recht gerade am Hang entlang wandern, bis wir schließlich oberhalb Miltenbergs wieder auf unseren alten Weg stoßen. Beim *Ottostein* steigen wir links ins Tal hinab und erreichen nach zehn Minuten das **Schnatterloch**.

Wem dieser Wandervorschlag zu anstrengend ist, der kann vom Ottostein auch nach rechts in den „Bismarkweg" abbiegen. Dieser führt uns über einen schmalen Saumpfad und abenteuerliche Felsklippen zum westlichen Ende der Stadt, von wo aus wir wieder ins Zentrum zurückkehren können.

i

Wie kommt man nach Miltenberg?
Mit der Bahn ist Miltenberg aus Richtung Aschaffenburg erreichbar. Autofahrer kommen über die Bundesstraße 469. Parkmöglichkeiten gibt es an der großen Mainbrücke (gebührenpflichtig) und entlang des Mainufers an der Straße nach Kleinheubach (kostenfrei).

Weglänge: ca. 9 km, kürzere Variante ca. 5 km

Museum der Stadt Miltenberg

Öffnungszeiten:	Mai bis Oktober	
	dienstags bis sonntags	11.00 – 17.00 Uhr
	November bis April	
	mittwochs bis sonntags	11.00 – 16.00 Uhr
Eintritt:	Erwachsene	DM 4,00
	Kinder und Jugendliche	DM 2,00
	Familien	DM 10,00

Auskünfte:
Museum Miltenberg
Am Schnatterloch
63897 Miltenberg
Telefon 0 93 71/40 41 53

Einkehrmöglichkeiten: diverse Möglichkeiten in Miltenberg, zum Beispiel historisches Gasthaus „Zum Riesen" (dienstags ab 18.00 Uhr geschlossen).

Besonderes:
Von der Anlegestelle am Mainufer aus kann man mit den Ausflugsschiffen neben Tagesausflügen auch verschiedene kürzere Rundfahrten machen. Die Fahrt Miltenberg - Bürgstadt - Kleinheubach und zurück dauert etwa eine Stunde und kostet für Erwachsene DM 10,00 und für Kinder DM 7,00. Die Abfahrten finden in den Monaten März bis November in stündlichem Rhythmus statt.

Auskünfte: Reederei Henneberger
Mainanlagen
63897 Miltenberg
Telefon 0 93 71/33 30 oder 0 93 78/2 32
Telefax 0 93 78/14 06

Tip:
Auch in Miltenberg findet an den vier Adventswochenenden ein großer Weihnachtsmarkt auf dem historischen Marktplatz und im Alten Rathaus statt. Vor der mittelalterlichen Stadtkulisse gerade für Kinder ein stimmungsvolles Erlebnis!

Kartenempfehlungen:
1 : 50 000 Hessisches Landesvermessungsamt
TF 50-2 Naturpark Bergstraße-Odenwald Nordost
1 : 25 000 Bayerisches Landesvermessungsamt
TK 25 6221 Miltenberg

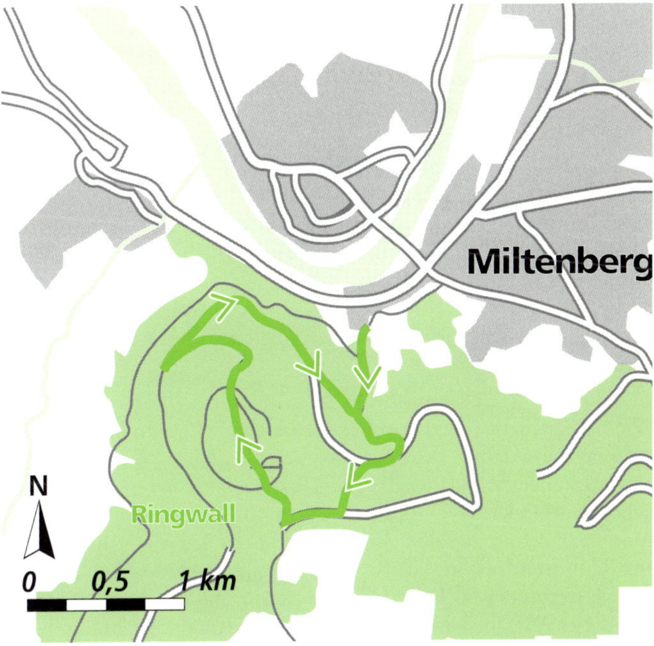

Wanderungen um Amorbach

Lange Zeit war Amorbach eines der wichtigsten religiösen Zentren des Odenwaldes. Der Überlieferung nach hat hier der Missionar St. Pirmin am alten germanischen Quellheiligtum, welches heute Amorsbrunn heißt, eine Kapelle gebaut und im Jahre 714 die ersten Odenwälder von ihrem alten Glauben abgebracht und christlich getauft. 20 Jahre später gründeten die Benediktiner in unmittelbarer Nähe ein Kloster, welches beständig erweitert wurde. Daneben endstand bald eine kleine Ansiedlung, welche im hohen Mittelalter vom Herren der nahen Wildenburg zur Stadt erhoben wurde. Viele Bauten zeugen noch heute von dieser großen Vergangenheit, obwohl die berühmte Benediktinerabtei aus politischen Gründen 1803 aufgelöst wurde und in den Besitz der Fürsten von Leiningen überging. In der Nähe des romantischen Barockstädtchens gibt es mehrere lohnende Wanderziele, und auch Amorbach selbst hat soviel zu bieten, daß man ruhig zweimal hierherkommen kann.

Vom *Altstadtparkplatz* jenseits der Bahngleise können wir unser erstes Wanderziel, die Kirchenruine auf dem Gotthardsberg, nördlich der Stadt über uns liegen sehen. Wir wenden uns an der Straße nach rechts und überqueren die Brücke über den Saubach. Die Ruine mit dem berühmten 7-Täler-Blick ist hier bereits ausgeschildert, der Weg ist mit der *blauen Raute* des Odenwaldklubs markiert. Wir folgen dem alten Klosterweg den Berghang hinauf und können schon bald das Städtchen von oben betrachten und den Blick über die grünen Täler der Umgebung schweifen lassen.

Am Ende des Wohngebietes führt uns die *blaue Raute* dann auf einen efeugesäumten Waldpfad, der von mächtigen Eichen beschattet wird. Wir treffen auf einen Querweg und wenden uns nach links, die Ruine ist gut ausgeschildert und der Weg immer mit der *blauen Raute* markiert.

Kurz bevor wir die **Kirche** erreichen, liegen rechts des Weges alte überwucherte Kellergewölbe, letzte Überreste des zerstörten Nonnenklosters.

Wie sich aus seiner wechselvollen Geschichte schließen läßt, war dieser Bergsporn lange Jahre ein begehrter Bauplatz. Zunächst stand hier im hohen Mittelalter die Burg Frankenberg, deren Herr eigentlich die Handelswege und vor allem das Benediktinerkloster in Amorbach schützen sollte. Leider fand dieser jedoch mehr Gefallen am Raubrittertum, so daß Kaiser Friedrich Barbarossa auf Drängen der Klosterbrüder im Jahre 1168 die Zerstörung der Burg anordnete. Mit dieser Aufgabe wurde wohl ein gewisser Ruprecht betraut, der als

Lohn im gleichen Jahr das Gebiet um „Durne“ – das heutige Walldürn – als Lehen erhielt und den Schutz des Klosters übernahm. Einige Jahre später begann er mit dem Bau seines Stammsitzes, der Wildenburg, die wir in Kapitel 14 genauer kennenlernen können.

Nach der Zerstörung der Burganlage wurde bald mit dem Bau eines Nonnenklosters begonnen, deren Nachbarschaft den Mönchen im Tal weitaus angenehmer war als das alte Raubritternest. Doch schon nach etwa 250 Jahren wurde das Kloster aus unbekannten Gründen 1439 aufgelöst, so daß die aufständischen Bauernhaufen 1525 nur noch leere Gebäude verwüsten konnten.

Einhundert Jahre später beschloß der Amorbacher Abt aus den Ruinen wenigstens die Kirche wieder aufzubauen, die jetzt alte romanische Stilelemente wie etwa die Würfelkapitelle, gotische Fenster und „moderne“ Formen der Renaissance wie zum Beispiel die Portale vereint. Leider schlug dann im Jahre 1714 ein Blitz in die einsame Kirche ein, welche so für Jahrhunderte erneut dem Verfall preisgegeben war. Erst vor wenigen Jahrzehnten wurde sie wieder mit einem Dach versehen.

Vom Turm aus können wir den weiten 7-Täler-Blick genießen. Im Norden erkennen wir jenseits des Mains das Kloster Engelberg, in den anderen Richtungen breitet sich hauptsächlich der Wald aus.

Unten angelangt folgen wir dem Rundwanderweg und unserer *blauen Raute* an der Ruine vorbei wieder abwärts. In vielen Serpentinen geht es den steilen Berghang hinab. Nach etlichen Schwüngen trifft der schmale Pfad auf einen breiteren Querweg, dem wir geradeaus folgen. Eine lange Trockenmauer an seiner linken Seite bietet manchem Kleingetier Unterschlupf. Alte Obstbäume und verfallene Schuppen künden noch von der früheren Nutzung dieser terrassierten Hänge. Schließlich mündet der Pfad wieder auf den „Gotthardsweg”, auf welchem wir in die Stadt gelangen.

Hier kehren wir jedoch nicht gleich zum Parkplatz zurück, sondern erreichen durch eine Unterführung den historischen Stadtkern von **Amorbach**. Auf der anderen Straßenseite sind die meisten Sehenswürdigkeiten der Stadt ausgeschildert. Wir wenden uns zunächst nach links, noch immer von der *blauen Raute* geführt gelangen wir so zwischen dem kleinen Schloß der Fürsten von Leiningen und der katholischer Pfarrkirche hindurch auf den Marktplatz. Beim „Hotel Post“ müssen wir links in die „Schmiedsgasse“ biegen, welche uns zum ehemaligen Kloster mit der berühmten **Abteikirche** führt.

Das **Benediktinerkloster** wurde der Überlieferung nach im Jahre 734 vom heiligen Amor, einem Schüler Pirmins gegründet. Aus Anlaß

Die Kirchenruine auf dem Gotthardsberg

des 1000jährigen Bestehens des Klosters wurde die Gesamtanlage im spätbarocken Stil umgebaut. An den älteren Kirchenbau aus dem 12. Jahrhundert erinnern nur noch Teile der Türme. In der Kirche befindet sich eine berühmte Meisterorgel von 1782, die über 5.000 Pfeifen hat. Im Rahmen einer Führung können wir die in üppigem Barock ausgestattete Kirche besichtigen. Interessanterweise befindet sich die Kirche noch im Originalzustand ihrer Erbauung, ohne daß jemals etwas restauriert wurde. Allerdings verfügt sie deshalb auch weder über eine Heizung, noch über elektrisches Licht! An der Decke befinden sich Gemälde, welche das bewegte Leben des heiligen Benedikt illustrieren. Dabei haben die Künstler versucht, den Betrachter optisch zu täuschen, um eine möglichst große Tiefenwirkung zu erzielen: An manchen Stellen kommen plastisch aus Stuck geformte Arme oder Beine der gemalten Figuren aus dem Bild heraus. Könnt ihr sie finden?

Weitere Stationen der Klosterführung sind der prunkvolle Grüne Saal, welcher nur zehn Jahre vor der Auflösung des Klosters für Festzwecke errichtet wurde sowie die ehemalige Klosterbibliothek, welche nun die Bücher des Fürstenhauses beherbergt und über geschickt verborgene Wendeltreppen verfügt.

Hinter dem „Café Schloßmühle", welches sich heute in dem großen Gebäude der mittelalterlichen Klostermühle befindet, beginnt der *Fürstliche Seegarten.* Auch dieser Landschaftspark wurde vor bald 200 Jahren von dem namhaften Gartenarchitekten Friedrich Ludwig von Sckell angelegt, welcher uns bereits als Schöpfer des Englischen Gartens in Eulbach begegnet ist (siehe Kapitel 9). Der Park ist wie geschaffen für ein geruhsames Picknick im Grünen, wobei auch die Enten gern einige Krümel ergattern würden.

Auf dem Rückweg lohnt vielleicht gegenüber des Kirchenportals ein Abstecher durch die „Abteigasse" zum Besuch der *Sammlungen Berger.* Der Liebhaber skurriler Hobbys findet hier neben Pepsidosen und moderner Kunst die wohl größte Teekannensammlung der Welt. Einige von ihnen sind so klein, daß nicht mal ein Teebeutel hineinpaßt und man sie mit der Lupe betrachten muß.

Von dort führt uns die „Steinerne Gasse" am Ufer der Mud entlang direkt zum **Templerhaus** im „Bädersweg". Das Gebäude wurde vermutlich im 12. Jahrhundert gebaut und hatte einen Kamin, der an den auf der Wildenburg (siehe Kapitel 14) erinnert. Es diente einer Adelsfamilie als Wohnsitz, bestand aber zunächst nur aus einem steinernen Wohnturm mit kleinen rundbogigen Fensteröffnungen. Erst 1291 – dieses Datum läßt sich aus den Jahresringen der benutzten Hölzer schließen – wurde der Turm bis auf die unteren Geschosse abgetragen und durch den Fachwerkbau mit seinem spitzen Dach ersetzt. Er ist das älteste Fachwerkgebäude Bayerns und hatte ebenfalls kleine, rundbogige Fensteröffnungen. Bei einem Rundgang durch das vorbildlich restaurierte Anwesen erfahren wir, daß es sich mit der Zeit auch im Inneren stark veränderte. Zuerst bestand jedes Stockwerk nur aus einem großen Raum. Später wurden immer mehr Kammern abgetrennt, bis das Haus wie heute in jedem Stockwerk kleine Zimmer mit verschiedenen Funktionen hatte. Die Rundbogenfenster, welche noch keine

Scheiben hatten, sondern im Winter mit Tüchern verhängt wurden, ersetzte man später durch eckige Glasfenster. Eine größere Zahl von Anbauten und Nebengebäuden gehörte immer zum Haus. Die Leute, welche im Laufe der Jahrhunderte das Haus bewohnten, waren sehr unterschiedlich: Zuerst konnten sich nur ganz reiche Leute ein solches Haus aus Stein und Fachwerk leisten, das gewöhnliche Volk lebte in Lehm-Strohhütten. Später wohnten die reicheren Adligen lieber in Schlössern, wohlhabende Bürger in komfortablen Stadthäusern. Deshalb zogen Handwerker in dieses Haus. Heutzutage möchten nur wenige Menschen in einem so alten Gemäuer leben, weshalb die Häuser oft verfallen oder in ein Museum umgewandelt werden. Es weiß übrigens niemand zu sagen, warum das Anwesen seit etwa 150 Jahren als „Templerhaus“ bezeichnet wird. Mit dem geheimnisumwitterten Kreuzritterorden hat es jedenfalls nie etwas zu tun gehabt.

Wenn wir uns nach der Besichtigung links halten, kommen wir so wieder zum Schlößchen zurück und erreichen bald den *Parkplatz*.

Wer heute noch nicht alles geschafft hat, sollte einfach ein zweites Mal herkommen. Bei dieser Gelegenheit können wir dann auch die kleine Kapelle bei Amorsbrunn aufsuchen. Dazu überqueren wir in der Stadt beim Templerhaus die Mud und folgen der „Boxbrunner Straße“ auf dem Fußweg flußabwärts. Nach einiger Zeit biegt die „Amorsbrunner Straße“ nach links ab, welche uns durch ein ruhiges Wohngebiet zur Wallfahrtskapelle führt. Dabei kommen wir an einem kleinen, rechter Hand gelegenen Spielplatz vorbei.

An der Außenwand der Wallfahrtskapelle Amorsbrunn prangt ein großes Gemälde, welches den heiligen Christophorus zeigt, der Christus über einen Fluß trägt. Rechts von der Kapelle befindet sich ein altes Wasserbecken, in welches das Wasser der unter der Kirche sprudelnden Quelle fließt. Lange Jahre galt das Wasser, dem schon unsere heidnischen Vorfahren heilende Kräfte zugemessen hatten, als gutes Mittel gegen Kinderlosigkeit.

Von der Kapelle aus folgen wir dem mit einer *gelben 3* markierten Wanderweg vorbei am Café das Otterbachtal hinauf. Nachdem wir die Feriensiedlung an unserer Rechten erreicht haben, durchqueren wir das liebliche Tal nach links und wandern auf dem breiten Weg dem *Schafhof* zu. Der markierte Weg führt uns dann oberhalb des Anwesens in den Wald. Amorbach ist auf dem Rundwanderweg ausgeschildert und nach etwa eineinhalb Kilometern führt gegenüber eines hohen Funkmastes ein steiler Serpentinenpfad in die Altstadt hinab. Wir kommen durch die „Wolkmannstraße“ wieder zum Teekannenmuseum, überqueren die Mud und gelangen durch die „Abteigasse“ ins Stadtzentrum.

Wie kommt man nach Amorbach?
Amorbach liegt an der Bahnstrecke Miltenberg-Seckach, sowie an der B 47 ("Nibelungenstraße"). Der Altstadtparkplatz liegt nicht in der Altstadt, sondern auf der anderen Seite der Bahngleise. Er ist von der Hauptstraße ausgeschildert.

Weglänge: Gotthardsberg ca. 5 km, Amorsbrunn ca. 7 km

Abteikirche mit Bibliothek und Grünem Saal

Öffnungszeiten:	Januar und Februar	
	samstags und sonntags	13.40 – 15.20 Uhr
	März	
	montags bis samstags	9.20 – 12.00 Uhr
	sonntags	11.40 – 16.40 Uhr
	April bis Oktober	
	montags bis samstags	9.20 – 12.00 Uhr
	sonntags	11.40 – 17.20 Uhr
	Mai bis Juli	
	werktags und sonntags	bis 18.00 Uhr
	November und Dezember	
	täglich	13.40 – 15.20 Uhr

Besichtigung nur im Rahmen einer Führung möglich. Keine Führungen am 1. Januar, 24., 25. Und 31. Dezember. Die Führung dauert ca. 35 Min.

Es werden täglich zu bestimmten Zeiten (zum Beispiel immer um 15.00 Uhr) Orgelvorspiele angeboten, bei denen die Kinder allerdings 20 Min. stillsitzen müssen.

Eintritt:	Orgelvorspiel mit Erklärung zur Kirche	
	Erwachsene	DM 5,00
	Kinder	DM 3,50
	Gruppen ab 60 Personen	DM 4,50

Zusätzliche Führung durch Grünen Saal und Bibliothek (vor oder nach dem Orgelspiel)

	Erwachsene	DM 2,00
	Kinder	DM 1,50

Auskünfte: Fürstlich Leiningensche Verwaltung
63912 Amorbach
Postfach 11 80
Telefon 0 93 73/97 15 45
Telefax 0 93 73/97 15 50

Templerhaus

Öffnungszeiten:	Mai bis Oktober	
	mittwochs	16.30 – 17.30 Uhr
	samstags	11.00 – 12.00 Uhr
Eintritt:	Erwachsene	DM 2,00
	Kinder und Jugendliche	DM 1,50
Auskünfte:	Städtisches Verkehrsamt Altes Rathaus Telefon 0 93 73/2 09 40 Telefax 0 93 73/2 09 33	

Sammlung Berger

Öffnungszeiten:	April bis Oktober	
	täglich	11.00 – 18.00 Uhr
	montags geschlossen	
Eintritt:	Erwachsene	DM 5,00
	Schüler	DM 4,50
	Gruppen	DM 4,50

Wallfahrtskapelle Amorsbrunn

Öffnungszeiten:	Mai bis Oktober	
	täglich	10.00 – 17.00 Uhr
Eintritt:	frei	

Einkehrmöglichkeiten: diverse Möglichkeiten in Amorbach sowie auf dem Schafhof, welcher allerdings zur gehobenen Preisklasse gehört

Kartenempfehlung:

1 : 50 000 Hessisches Landesvermessungsamt
TF 50-2 Naturpark Bergstraße-Odenwald Nordost

Ein Ausflug in Urgroßmutters Kindheit 13

Im Odenwälder Freilandmuseum in Gottersdorf

Im Keller stapeln sich Mostfässer, Einmachgläser und Feuerholz. In der Stube steht eine alte Truhe unter dem zugigen Fenster. Auf dem Küchenschrank mit den wenigen guten Schüsseln, Tellern und Krügen versteckt sich die Kaffeemühle und auf dem Dachboden befindet sich ein Sammelsurium der merkwürdigsten Gerätschaften. Kurzum, wer bei seinem Sonntagsausflug einmal sehen möchte, wie unsere Groß- oder gar Urgroßeltern zu Beginn dieses Jahrhunderts hier in der Gegend gelebt haben, der ist im Odenwälder Freilandmuseum in Gottersdorf genau richtig.

Für das Museum sind drei Dorfgruppen geplant, in denen die Gebäude aus den Regionen Odenwald, Bauland und unterem Neckartal zusammengestellt werden. Das Museumsgelände war noch vor wenigen Jahren eine leere Wiese, alle heute dort stehenden Gebäude mußten aus unterschiedlichen Gründen von ihrem bisherigen Standort weichen und konnten nur durch den Wiederaufbau in Gottersdorf vor dem endgültigen Abriß bewahrt werden.

Ein Rundgang durch die bislang am weitesten gediehene **Baugruppe „Odenwald“** zeigt uns die Wohnsituationen der verschiedenen sozialen Schichten eines früheren Dorfes, da im Museum nicht nur be-

Am Dorfplatz

deutende, „schöne“ Gebäude gezeigt werden, sondern die gesamte Bandbreite der Hausformen dargestellt wird.

Zuerst betreten wir den *Dorfplatz* mit öffentlicher Viehwaage, Dorflinde und Viehtränke, deren Schwengelpumpe zum Plantschen einlädt. Dies war einst der Mittelpunkt des Dorfes, wo man sich traf und Neuigkeiten erfuhr.

Im ersten Haus, einem *Kleinbauernhof* mit ehemaliger Dorfschänke aus Dallau befindet sich die Museumsgaststätte, welche an Sonn- und Feiertagen Kaffee, Kuchen und Grünkerngerichte anbietet. Eine Ausstellung im Scheunenteil des Hauses dokumentiert mit Fotos und Zeichnungen die äußerst aufwendige und genaue Arbeit bei der Versetzung der Häuser ins Museum. Die niedrigen Kammern im ersten Stock sind nicht möbliert, dienten aber früher den Bewohnern zum Schlafen. Eine große Vitrine im Treppenaufgang zeigt interessante Dinge aus dem Leben der Kinder: Neben einfachem Holzspielzeug finden sich hier auch Schlittschuhe, Skier und eine alte Schulbank.

Wenden wir uns beim Verlassen des Hauses nach links, so stehen wir gleich vor dem leuchtend blauen *Hirtenhaus* aus Gerolzahn. Vielen erwachsenen Besuchern ist die Farbe viel zu grell, die Kinder sind aber meistens ganz angetan und wollen hier am liebsten einziehen. Wie steht es damit in eurer Familie? Übrigens wurde es im Museum so angestrichen, weil es früher tatsächlich einmal so aussah, wie der abgeschlagene Putzfleck an der Vorderwand beweist.

Kochen in Großmutters Küche

Im kleinen Garten vor dem Haus baute die Frau des Schäfers Gemüse und Kräuter für die Küche an. Kaut einmal auf dem Blatt vom großen Liebstöckelbusch an der Hausecke, dann wißt ihr bestimmt, warum er im Volksmund auch „Maggistrauch" genannt wird!

Die Einrichtung dieses Hauses zeigt die Zeit des 2. Weltkrieges. Auch auf dem Lande gab es zu dieser Zeit bereits überall Strom, so daß hier schon einige elektrische Geräte anzutreffen sind. Wo könnt ihr welche entdecken? Im Wohnzimmer steht zum Beispiel neben dem Ohrensessel ein Volksempfänger, mit dem die nationalsozialistische Propaganda verbreitet wurde. Das Radio war damals noch eine recht neue Erfindung, mit der man leicht viele Menschen erreichen konnte.

Hinter dem Haus ist der Schäferkarren abgestellt, in welchem der Schäfer schlief, wenn er im Sommer mit seiner Herde unterwegs war: ein früher Wohnwagen ohne allzuviel Komfort.

Das kleine rote *Tagelöhnerhäuschen* aus Walldürn zeigt, wie beengt die ärmeren Leute oft leben mußten. Ein Tagelöhner besaß weder Ackerland noch Vieh, auch war er nicht als Handwerker tätig. Je nach Bedarf half er zum Beispiel den Bauern bei der Ernte oder arbeitete eine Zeitlang in einer Fabrik. In Walldürn waren viele Tagelöhner in Steinbrüchen beschäftigt. Sie waren meist nur für einzelne Tage angestellt, konnten jederzeit wieder entlassen werden und erhielten abends ihren „Tagelohn". 1930 wohnte hier eine Familie mit drei Kindern, welche als große Ausnahme ein eigenes Kinderzimmer mit nur zwei Betten hatte, während die Eltern im gemeinsamen Wohn- und Eßzimmer schliefen. Alte Akten zeigen, daß dies Häuschen bei seiner Erbauung vor 200 Jahren nur aus den beiden vorderen Räumen bestand. Erst 1840 kamen die anderen zwei Räume hinzu, welche vermutlich als Altenteil dienten, weshalb das Haus zwei Eingangstüren hat.

Nach der Besichtigung kehren wir um und folgen dem Weg vor dem Waaghäuschen nach links, bis wir zu einem Fachwerkhaus kommen, das aus Neckarburken stammt und ebenfalls 200 Jahre alt ist. Jetzt stehen wir vor einem typischen *Odenwälder Kleinbauernhof* mit Wohnhaus, Schuppenanbau, Stallscheune und Hausgarten. Hier können Kinder gut sehen, wie es früher auf einem Bauernhof zuging. Kühe und Schweine standen im Stall, Hasen wurden in Hasenställen auf dem Hof gehalten, Enten unter der Außentreppe und die Hühner waren beim Hausbackofen im Schuppen untergebracht. Die Glucke durfte zum Brüten sogar unter der Treppe im Haus wohnen. Könnt ihr das versteckte Plätzchen finden? Viehfutter und Ackergeräte befanden sich in der Scheune, die Vorräte wie Gemüse, Getreide,

Fleisch und Most wurden in den Kellern und auf dem Dachboden des Hauses gelagert. Eine Besonderheit dieses Bauernhauses ist die integrierte Poststelle. Hier bot sich dem nicht sehr wohlhabenden Bauern eine Möglichkeit, etwas Geld hinzuzuverdienen, auch wenn dafür die „gute Stube“ mit einer Bretterwand halbiert werden mußte. Ein Kinderzimmer suchen wir hier vergeblich, der Sohn des Bauern hatte eine Kammer unter dem Dach, während seine jüngeren Schwestern in der aufklappbaren Küchenbank schliefen.

Vielleicht sollten wir bei diesem Ausflug ruhig einmal die Großeltern mitnehmen. Vieles von dem, was sie selbst noch erlebt oder gesehen haben, können sie euch sicher besser erklären als manch ein Museumsführer!

Auf der anderen Seite des Weges wird zur Zeit eine *Ziegelhütte* errichtet. In dem unterirdischen Brennofen wurden früher die aus Ton geformten Backsteine und Dachziegel gebrannt. Die Ziegelknechte schliefen in einer Kammer gleich daneben, um das Feuer immer überwachen zu können. 1901 wurden zum letzten Mal Ziegel in diesem Gebäude gebrannt.

Das große Sandsteingebäude vor uns wurde als *Armen- und Gemeindehaus* in der Ortschaft Reichartshausen im Jahre 1876 erbaut und diente vielfältigen Aufgaben: So wurde zum Beispiel im Erdgeschoß die für das Dorf äußerst wichtige Feuerspritze untergebracht. Pferde zogen sie zur Brandstelle, von wo die Schläuche dann in den Dorfteich oder in einen Brunnen gelegt wurden und sich mehrere Männer an der Pumpe abmühen mußten.

Könnt ihr euch vorstellen warum das Feuer früher noch viel gefährlicher und auch häufiger war als heute? Zum einen brannten die Gebäude einfach leichter, weil viele aus Fachwerk und oft strohgedeckt waren, auch lagerte früher noch viel Getreide, Stroh und Heu in den Scheunen. Zum anderen gab es aber auch noch viel mehr Gefahrenherde durch offenes Feuer auf dem Hof: Es brannte im Küchenherd und im Backofen, es heizte die Stube und leuchtete abends als Kerze oder Laterne. Eine kleine Unachtsamkeit konnte leicht eine große Katastrophe auslösen. So brannte vor etwa 150 Jahren der heute zur benachbarten Gemeinde Buchen gehörende Ort Rinschheim fast vollständig nieder. Das Feuer breitete sich rasch in den schon erntevollen Scheuern aus und sprang auf die strohgedeckten Dächer über. Der kleine Dorfbach führte nicht genug Wasser, um die auch aus den Nachbarorten angerückten Löschspritzen mit Wasser zu versorgen. In einer Nacht wurden fast alle Gebäude des Ortes ein Raub der Flammen. Auch viele Tiere waren umgekommen, Vorräte und Habseligkeiten verbrannt. Im gesamten Großherzogtum Baden mußte

Geld für die obdachlosen Rinschheimer gesammelt werden, damit sie im nächsten Frühjahr ihr Dorf wieder neu aufbauen konnten.

Im ersten Stock wurde der Hebamme eine Dienstwohnung gestellt und in dem Zimmer mit den vergitterten Fenstern waren während der Weltkriege Kriegsgefangene interniert, welche tagsüber zur Feldarbeit herangezogen wurden. Die übrigen Räume wurden von den Dorfarmen bewohnt, denen im Erdgeschoß eine Gemeinschaftsküche und ein Stall zur Verfügung standen. Ganz oben unter dem Dach wohnte und arbeitete ein verarmter Schuster mit seiner Familie. Nach den Angaben seines Sohnes konnte die Werkstatt wieder originalgetreu eingerichtet werden. Die Glaskugel auf dem Tisch heißt Schusterlampe und ist sehr typisch für dieses Gewerbe. Mit Wasser gefüllt verbreitete sie das karge Licht der Kerze.

Wenn wir dem Weg jetzt weiter folgen, erreichen wir nach der Brücke die **Baugruppe „Bauland"**, deren meiste Gebäude sich noch im Rohbau befinden. In den zwei *Grünkerndarren* erfahren wir einiges über die Herstellung dieser regionalen Spezialität. An Sonn- und Feiertagen ist in der Erfelder *Feldscheune* eine Imkerausstellung zu besichtigen.

Um in der am Waldrand gelegenen Baugruppe „Neckartal" Häuser zu besichtigen, müssen wir in einigen Jahren wiederkommen. Bislang ist erst ein einziges Gehöft im Rohbau errichtet worden, aber jedes Jahr kommt im Museumsdorf irgendetwas Neues dazu.

Auf dem Rückweg verlassen wir das Museumsgelände in Richtung See, um hier noch einen Blick in den Bauerngarten zu werfen. In ihm werden typische Gemüse-, Kräuter- und Blumensorten des alten bäuerlichen Selbstversorgergartens kultiviert. Anschließend gehen wir am See entlang zurück zum Parkplatz.

Wer jetzt des Museumsbesuches noch nicht müde ist, sollte die Mühe nicht scheuen, noch einmal 500 Meter in den Ort zu gehen, um hier den Großbauernhof Schüßler zu besichtigen, der ebenfalls zum Museum gehört, aber schon immer in Gottersdorf stand. Hier können wir den großzügigeren Lebensstil der wohlhabenden Bauern kennenlernen.

In der zum Hof gehörigen Scheune wurde eine originalgetreue Wagnerwerkstatt eingerichtet, neben welcher die Produkte dieses vielseitigen Dorfhandwerkers gezeigt werden, der außer den Ackerwagen auch Leitern, Schlitten, Tragen und Möbelstücke anfertigen konnte. Die Texte der Ausstellung erläutern die jahrhundertelange Entwicklung von Rädern, Achsen und Wagen und informieren uns über Leben und Arbeit des Wagners.

Wie kommt man zum Odenwälder Freilandmuseum?
Wer mit der Bahn anreisen möchte, kann bis Rippberg fahren, welches an der Strecke Miltenberg - Seckach liegt. Eine kleine Wanderung von etwa 3 km führt von dort nach Gottersdorf.
Für Autofahrer ist das Museum an der B 47 ("Siegfriedstraße") zwischen Amorbach und Walldürn ausgeschildert.

Weglänge: ca. 4 km (Freilandmuseum), von der Bahnstation aus insgesamt ca. 10 km

Öffnungszeiten:	1. April bis 1. November	
	April und Oktober	10.00 – 17.00 Uhr
	Mai bis September	10.00 – 18.00 Uhr
	montags geschlossen	

Eintritt:	Erwachsene	DM 5,00
	Ermäßigt	DM 4,00
	Kinder	DM 2,00
	(Familien zahlen nur für ein Kind!)	
	Kinder unter 6 Jahren frei	

Das Museum bietet verschiedene Führungen an. Für Schulklassen gibt es ein spezielles pädagogisches Programm.

Auskünfte: Museumsleitung und Geschäftsstelle
Weiherstraße 12
74731 Walldürn-Gottersdorf
Telefon 0 62 86/3 20
Telefax 0 62 86/13 49

Einkehrmöglichkeiten: Gaststätte „Zur Scheune" sowie Gartenschänke „Hof Schüßler"

Tip:
Handwerkervorführungen und andere Attraktionen bietet das jährliche Museumsfest immer am dritten Juliwochenende.

Ein besonderer Tip:
Nur wenige Kilometer vom Freilichtmuseum entfernt befindet sich im Rippberger Tal ein ganz toller Spielplatz. Neben einer Seilbahn, der Riesenrutsche und einem großen Kletterfort gibt es hier natürlich auch diverse herkömmliche Geräte wie Schaukeln, Wippen und eine Sandkiste. Diese hat in der Mitte einen fest installierten Spielbagger, mit dem man alles mal gründlich umwühlen kann.

Am Wasserspielplatz im Marbachtal

Den Hauptspaß an heißen Tagen dürften aber die vielen Wassergeräte bieten. Da kann man mit einer alten Pumpe den Bachlauf füllen, seinen Weg umlenken und Stauwehre errichten. Weiter unten treiben wir ein Mühlrad an und lernen eine geniale Erfindung der Antike kennen: Mit der archimedischen Schraube schöpfen wir das Wasser wieder in die Höhe. Gleich daneben fließt der Marbach, in dem wir ebenfalls hemmungslos plantschen und spritzen können.
Die Eltern dürfen währenddessen auf der Liegewiese faulenzen oder besser an der „Grillstation Walldürn" ein gemütliches Picknick vorbereiten. Das notwendige Zubehör für den gemauerten Grill bekommt man für DM 10,00 bei Familie Schmidt in der Walkmühle auf der anderen Talseite.

14 Die Gralsburg im dunklen Tann

Eine Wanderung zur Wildenburg bei Amorbach

Die heutige Wanderung führt uns durch die typische Landschaft des Bundsandstein-Odenwaldes zu einer der bedeutendsten Ruinen der Stauferzeit. Zwischen 1180 und 1200 wurde der Bau der Wildenburg unter dem mächtigen Ritter Ruprecht von Dürn begonnen. Er herrschte über viele Ländereien im hinteren Odenwald und war ein enger Gefolgsmann und Ratgeber des Stauferkaisers Friedrich Barbarossa. Mit ihm und seinem Nachfolger, Heinrich VI., unternahm er viele Reisen und Kriegszüge, so war er zum Beispiel bei Krönungen in Burgund, Rom und Palermo zugegen.

Zu ihrer Zeit gehörte diese Burg zu den prächtigsten Wohnsitzen im ganzen Reich und kontrollierte einen wichtigen Handelsweg zwischen Neckar und Main. Ihre Grundfläche ist größer als die der meisten anderen Burgen und der etwa neun Quadratmeter große Kamin im Palas der größte aus dieser Zeit erhaltene im ganzen Land. Das Rittertum stand damals in hoher Blüte, man unternahm Kreuzzüge ins Heilige Land und erfreute sich zuhause an Turnierspielen und Minnesang. Hierfür war diese Burganlage mit dem 60 Meter langen Hof, dessen Querwand erst bei einer Teilung der Burg Jahrhunderte später eingezogen wurde, ganz besonders gut geeignet. Für den notwendigen Lebensunterhalt der Adligen sorgten die leibeigenen Bauern in den Dörfern mit ihren Diensten und Abgaben, deren Wohnverhältnisse wir im nahegelegenen Watterbacher Haus kennenlernen werden.

Vom *Parkplatz bei Kirchzell* führen rechts zwei Wege in den Wald. Wir wählen den linken und marschieren auf ihm geradeaus bergan. Nach einigen hundert Metern macht er eine Linkskurve, wir folgen jedoch weiter dem Talverlauf. Nach einiger Zeit verschwindet das Bachbett und der Pfad führt nun in eine dunkle Fichtenschonung. Wir treffen bald auf einen breiten Querweg und folgen diesem nach links, bis der Wald aufhört und wir hinter Wiesen das Gabelbachtal vor uns liegen sehen. Nach kurzer Zeit treffen wir auf einen asphaltierten Weg, welcher uns wieder auf den Wald zuführt. Im Talgrund hat ein Imker einen großen Bienenstand errichtet. Die Bienen können hier viel Nahrung durch Obstbäume, blühende Sträucher und den Wald finden.

An einer Rastbank gabelt sich der Weg, wir folgen dem Schotterweg links und kommen an einem großen Schafgehege vorbei, wo wir im Frühjahr viele Lämmer beobachten können. Der Weg zieht sich ganz um das Gehege herum, schließlich führt der Schotterweg dann weiter bergauf. Wir folgen ihm bis zu einem Querweg, welcher schnurgerade und somit recht steil vom Tal den Berghang hinaufführt. Alte Grenzsteine weisen auf seine Funktion als Gemarkungsgrenze hin. Dieser Weg dürfte jedoch auf Dauer zu anstrengend sein, weshalb wir froh sind, ihn auf dem ersten Querweg nach links wieder verlassen zu können. Ein grasbewachsener, breiter Weg führt nun nahezu eben durch den Wald. Am Wegesrand finden sich hier viele der schönen, aber giftigen Fingerhüte, welche im Hochsommer blühen. Von der Rodung auf der Bergnase bietet sich ein weiter Blick auf die gegenüberliegenden Odenwaldhöhen. Wir sind jetzt etwa 200 Meter gestiegen und befinden uns nun auf einer Höhe von 400 Metern.

Wir bleiben auf dem ebenen Weg und können bald auf die *Beuchener Berge* und das davorliegende langgestreckte Wiesental blicken. Malerisch schlängelt sich die Mudau am Grunde. Nach einem knappen Kilometer kommen wir an eine Wegkreuzung und folgen dem Weg rechts leicht bergan. Zur richtigen Jahreszeit können wir auf den Lichtungen dort Himbeeren naschen.

Durch die Bäume können wir nach einigen Minuten bereits die Wildenburg erspähen. Linker Hand erkennen wir auf einem Bergsporn den hohen Bergfried und die Palasfenster. Bald führt uns der Weg an einer tiefen Schlucht vorbei. Wir gelangen nun zu einer weiteren Wegkreuzung und folgen einem schmalen Waldweg links den Berg hinab. Bevor wir zur Burg kommen, liegt jetzt auf der linken Seite ein riesiger Sandsteinbrocken am Weg. Teilweise wurde er auch mit behauenen Steinen ergänzt. Wer über eine ausreichende Portion Entdeckergeist sowie eine Taschenlampe oder Kerze verfügt, sollte den gemauerten Eingang an seiner Nordseite durchschreiten und die dahinterliegende stockfinstere *Höhle* erkunden.

Anschließend führt uns rechts davon ein kleiner Serpentinenpfad weiter auf die Burg zu. Links erkennen wir bald einen künstlich ausgehobenen Graben in dessen Mitte noch ein Brückenpfeiler steht. Einige Schritte weiter folgt ein zweiter Graben für die Zugbrücke, hinter dem sich dann die efeuberankten Burgmauern erheben. Durch den mächtigen Torbau gelangen wir in den großen Hof der **Wildenburg**. Linker Hand liegen Bergfried und die ältesten Teile der Anlage, welche vermutlich vor allem im Winter bewohnt wurden, geradeaus gelangt man zum Palas mit dem repräsentativen Festsaal.

An Sonn- und Feiertagen ist bei entsprechender Witterung eine Besteigung des *Bergfrieds* möglich. Dieser mächtige Bau hat drei Meter dicke Wände und war früher nur durch die Tür im zweiten Geschoß zugänglich, welche über Leitern erreichbar war. Ein solcher Turm ist typisch für die Burgen des Mittelalters und diente sowohl als Beobachtungsposten als auch der letzten Zuflucht bei Belagerungen. Der Sockel war meist nur von innen zugänglich und wurde oft als Verließ benutzt.

Vor dem Palas am anderen Ende des Hofes führen breite Sandsteinstufen zum *Keller* hinab, welcher früher als Vorratsraum diente. Falls er nicht verschlossen ist, brauchen wir wieder unsere Taschenlampe, um in dem dunklen Raum etwas erkennen zu können. Dieser verborgene Keller tief im Wald eignete sich früher natürlich hervorragend als Räuberhöhle. So entdeckten fürstliche Beamte, welche eigentlich nur auf der Suche nach schönen alten Steinen waren, hier vor 200 Jahren das Lager einer Bande von Kirchenräubern. Diese hatten aus Kirchen der Umgebung Leuchter und anderes gestohlen und das Metall hier im Keller eingeschmolzen. Zu jener Zeit gab es aufgrund der großen Armut manche Räuberbande im Odenwald. Viele Räuber wurden gefaßt und in Heidelberg hingerichtet.

Als in dem großen Kamin des Festsaales vor vielen hundert Jahren noch helle Feuer brannten, da weilte um das Jahr 1200 auch der berühmte Dichter Wolfram von Eschenbach als Gast in dieser Halle. Er ließ sich von der Burg und ihrer Umgebung inspirieren und bedankte sich für die Gastfreundschaft mit einigen Zeilen in seiner bedeutenden Parzival-Dichtung. Hierin beschreibt er in vielen tausend Versen die spannende und wundersame Lebensgeschichte eines Ritters, welcher zunächst recht einsam im Wald bei seiner Mutter aufwächst, dann jedoch als Jüngling auszieht, um in die Tafelrunde von König Artus aufgenommen zu werden. Dabei gelangt er auch an die Gralsburg Munsalväsche – was im französischen übrigens soviel wie „wilder Berg" bedeutet – versäumt jedoch aus Scheu ihren König zu erlösen. Dafür wird er verflucht und muß nun jahrelang in der Welt umherirren, bis er endlich das Geheimnis des Grals erfährt, den alten König erlöst und schließlich selbst Gralkönig wird. Während mit dem heiligen Gral oft der Abendmahlskelch verbunden wird, ist er hier ein heiliger Stein, der lebenserhaltend und nahrungsspendend wirkt und von auserwählten Rittern gehütet wird.

Nicht lange nach dieser glanzvollen Zeit erlosch das Geschlecht derer von Dürn schon mit den Urenkeln des Burgenbauers wieder. Die Wildenburg wurde verkauft und diente fortan lange Jahre als Verwaltungssitz. An Stelle des freien Reichsritters bewohnte nun ein kleinadliger Amtmann in Diensten des Erzbischofs von Mainz die Burg. Nur etwa 10 Mann bewachten noch die Anlage. Im Mai des Jahres 1525 wurde die Burg von den aufständischen Bauern ohne Widerstand eingenommen und angezündet. Seitdem lag sie Jahrhunderte in Trümmern und verfiel immer mehr. Heute ist sie natürlich ein geschütztes Kulturgut und wird in ihrem Zustand bewahrt.

Am Kamin erklang einst Minnesang

Nach einer Rast auf den schattigen Bänken im Burghof wollen wir den Rückweg antreten. Auf dem Pfad, den wir gekommen sind, wandern wir bis zur ersten Kreuzung, biegen hier jedoch nicht rechts ab, sondern gehen geradeaus weiter und gelangen bald an den Waldrand. Ein offener Feldweg führt uns jetzt auf das Dorf *Preunschen* zu. Was uns linker Hand kurz vor dem Ort zunächst wie eine ausgebaute Feldscheune erscheinen mag, entpuppt sich bei genauerem Hinsehen als etwas ganz besonderes, handelt es sich bei diesem sogenannten

„**Watterbacher Haus**" von 1450 doch um das wahrscheinlich älteste Bauernhaus des ganzen Odenwalds. Von seinem ursprünglichen Platz in Watterbach wurde es hierher versetzt und beherbergt nun ein *waldgeschichtliches Museum.* Von den meisten anderen Fachwerkbauten unterscheidet es sich vor allem durch die mittelalterliche Ständerbauweise. Wir können von außen gut erkennen, das hier nicht ein Stockwerk auf das nächste gesetzt wurde, sondern die senkrechten Pfeiler – insgesamt waren es einst 35 – bis zum Dach hinaufreichen.

Damals lebten die Bauern mit ihrem Vieh nicht nur unter einem Dach, sondern fast in einem Zimmer! In der Mitte des Hauses befand sich die Küche mit einer offenen Feuerstelle, deren Rauch ohne Kamin bis unter das Dach zog und dort an den Seiten entwich, weshalb diese Hausform auch „Rauchhaus" genannt wird. Abgetrennt waren nur eine Stube für die wenigen Möbel und Habseligkeiten sowie eine Schlafkammer. Das tägliche Leben fand jedoch um den Herd herum statt, hier war es warm und hell vom Schein des Feuers. An den Außenwänden dieser „Wohnküche" war das Großvieh angebunden, während kleinere Tiere wie Hühner und Schweine frei herumliefen.

Wir folgen der Hauptstaße in den Ort hinein und biegen mit der ersten Straße nach rechts ab. An schönen Blumengärten vorbei erreichen wir bald eine Kreuzung, bei welcher wir uns nach links wenden und am Ende der Neubauten einen Feldweg nach rechts einschlagen. Dieser führt uns durch Wiesen und Felder wieder auf den Wald zu. Hier wird der Weg etwas holprig, wir passieren einen Querweg und der Pfad geht recht steil bergab. Schon bald endet der Abstieg auf einem Forstweg, welchem wir nach rechts folgen müssen. Wenn dieser Weg nach einigen hundert Metern wieder leicht ansteigt, führt uns ein schmalerer Waldweg auf der linken Seite geradeaus weiter ins Tal.

Große Sandsteinbrocken liegen hier im hohen Mischwald verstreut, am Wegesrand wachsen Heidekraut und Blaubeeren. Langsam ist es an der Zeit nach geeigneten Schwimmobjekten zu suchen, wenn wir beim Rastplatz noch ein wenig am Gabelbach spielen wollen. Hierfür bieten sich Kiefern- und Lärchenzapfen oder auch schöne Rindenstücke an.

Hinter einer Schneise für Stromleitungen treffen wir auf einen anderen Weg, behalten jedoch unsere Richtung bis zur nächsten Weggabelung bei. Hier folgen wir dem Hauptweg nach links, welcher uns immer weiter ins Tal führt. Bei einem grünen Hochsitz zweigen drei Wege von der Straße ab, wir schlagen den zweiten nach rechts ein, welcher durch dunklen Wald ins Tal führt und nach wenigen Minuten auf den *Parkplatz bei Kirchzell* mündet. Vor der Heimfahrt können wir auf dem Spielplatz am Bach rasten und unsere Schiffchen schwimmen lassen.

Wie kommt man zum Parkplatz bei Kirchzell?
Kirchzell ist von Amorbach aus an der B 469 ausgeschildert. Der Parkplatz liegt aus dieser Richtung kommend hinter dem Ort, hinter der Sportanlage und der Brücke über den Bach auf der linken Seite. Der Parkplatz selbst hat kein Schild.

Weglänge: ca. 10 km

Wildenburg
Öffnungszeiten:
Die Ruine ist das ganze Jahr über zugänglich, Besucher werden jedoch gebeten die Anlage bei Sonnenuntergang zu verlassen

Eintritt:	nur an Wochenenden und Feiertagen	
	Erwachsene	DM 2,50
	Kinder	DM 1,50

Auskünfte: Fürstlich Leiningensche Verwaltung
63912 Amorbach
Postfach 11 80
Telefon 0 93 73/97 15 45
Telefax 0 93 73/97 15 50

Watterbacher Haus

Öffnungszeiten:	April bis Oktober	
	mittwochs und donnerstags, samstags,	
	sonntags und feiertags	11.00 – 17.00 Uhr
	November bis März	
	samstags, sonntags und feiertags	
		12.00 – 16.00 Uhr

Eintritt:	Erwachsene	DM 4,00
	Kinder	DM 2,00
	Gruppen an 10 Personen	DM 3,00

Führungen nach Vereinbarung (Dauer: etwa 1 Std.)
ab 10 Personen DM 25,00

Auskünfte: Gemeinde Kirchzell
Telefon 0 93 73/9 74 30
Telefax 0 93 73/97 43 24
Museum Watterbacher Haus
Telefon 0 93 73/73 06

Einkehrmöglichkeiten: Gasthof Preunschen (freitags Ruhetag)
In Kirchzell gibt es mehrere Bäckereien für Proviant

Kartenempfehlungen:

1 : 50 000	Hessisches Landesvermessungsamt
TF 50-2	Naturpark Bergstraße-Odenwald Nordost
1 : 50 000	Landesvermessungsamt Baden-Württemberg Blatt 31, Naturpark Odenwald Südost
1 : 25 000	Bayerisches Landesvermessungsamt
TK 25 6321	Amorbach

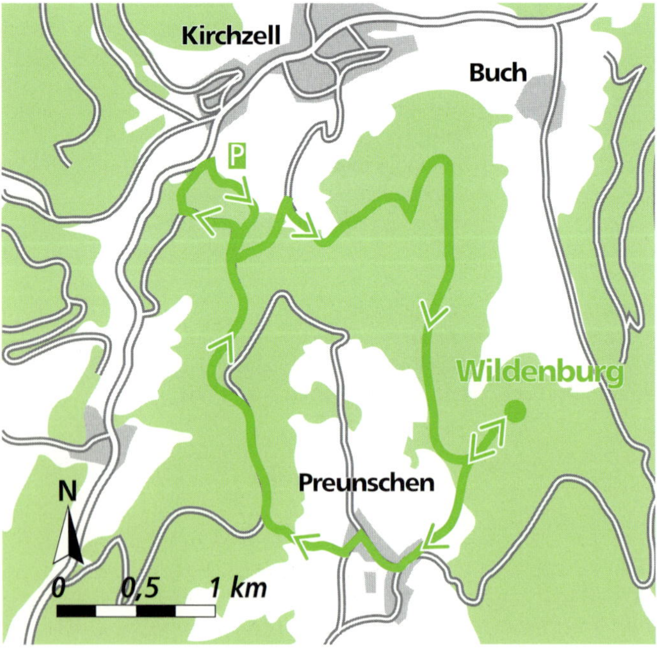

Zum Marbachstausee

Bis auf mancherlei Flüsse und einige kleinere Teiche ist der Odenwald im allgemeinen arm an Wasserflächen. Eine willkommene Ausnahme bietet hier der zwischen 1978 und 1982 für viele Millionen Mark künstlich angelegte Marbachstausee. Er ist fast 1,5 Kilometer lang und bis zu 200 Metern breit. Seine maximale Staufläche von nahezu 50 Hektar ist in verschiedene Interessenbereiche unterteilt. Der vordere, der Staumauer naheliegende Teil ist für Surfer und Segler ausgewiesen, während das hintere, schilfgesäumte und flachere Gebiet dem Vogelschutz dient und von den Besuchern gemieden werden sollte. In der Mitte liegt der ausgedehnte Badebereich, welcher von den anderen Teilen mit Bojen abgetrennt wird. Wer bereits im Besitz des einen oder anderen Wasserfahrzeugs ist, welches vielleicht bislang nur in der Badewanne schippern durfte, sollte dieses heute auf jeden Fall mit in den Rucksack tun. Allen anderen sei der schnelle Eigenbau eines seetüchtigen Gefährtes empfohlen.

Dazu hier ein paar Tips:
Aus größeren, festen Rindenstücken lassen sich die tollsten Schiffe schnitzen. Wenn wir in die Mitte des Rumpfes ein kleines Loch bohren, können wir einen angespitzten Zweig als Mast hineindrehen. Auch das passende Segel aus dünner Birkenrinde oder einem großen Blatt findet sich im Wald und braucht nur noch über den Mast gespießt zu werden. Mit etwas Geschick und kleinen Hilfsmitteln wie Draht, Nägeln und Bindfaden können so ganze Flotten entstehen. Auch Walnußschalen können mit etwas Klebstoff, Streichhölzern und Papier zu Segelbooten umgebaut werden. Ein kleines Steinchen als Balast erhöht dabei die Stabilität.

Natürlich könnte man – wie die meisten – auch direkt mit dem Auto zum Stausee fahren, als eifrige Wanderer wollen wir uns die kühle Erfrischung jedoch angemessen verdienen! So starten wir unsere Wanderung beim *Parkplatz an der Dicken Eiche von Airlenbach.* Diese uralte Eiche hat einen Stammumfang von über acht Metern, so daß es nur einer recht großen Familie möglich sein dürfte sie gemeinsam zu umfassen. Klappt es wohl?

Wir folgen von hier aus der Straße „Im Talgrund", welche nur von den wenigen Anliegern befahren werden darf. Der Weg ist zunächst mit einer *gelben 3* ausgewiesen. Hier müssen die Rinder nicht wie anderenorts den ganzen Tag im Stall stehen, sondern tummeln sich auf den vielen Weiden im Talgrund, welcher nur aus Wiesen besteht. Bald biegt die *gelbe drei* nach rechts ab, doch folgen wir dem Tal, welches uns weiter sanft aufwärts führt. Nach den letzten Häusern wird aus der bislang noch asphaltierten Straße ein Schotterweg, auf dem wir nun etwa 2 Kilometer bis zum Ende des Tals wandern. Hier im oberen Talbereich wendet sich der Weg dann nach links in den Wald, wo der Hauptweg nach etwa 100 Metern eine starke Linkskurve beschreibt, während wir einem Sandweg weiter geradeaus folgen. An heißen Tagen ist die Luft hier von den intensiven Harzdüften der Nadelbäume erfüllt.

Nach weiteren 100 Metern stehen wir dann auf einer 450 Meter hohen Waldkreuzung, bei der sich sieben Wege treffen. Wir wenden uns nach rechts und folgen dem mit einer *weißen HÜ 1* markierten Sand- und Schotterweg. Bei der nächsten Kreuzung verläßt uns diese Markierung zwar bereits wieder in linker Richtung, doch ist dafür der Stausee mit leicht übertriebener Weglänge ausgeschildert. Der schöne Weg führt uns durch einen recht abwechslungsreichen Wald, welcher am Wegesrand mit Farnen, Blaubeergestrüpp, Fingerhüten und Heidekraut bestanden ist.

Es geht eine lange Zeit geradeaus, bis sich der Weg schließlich nach rechts wendet und dabei immer stetig ins Tal führt. Bei einer Abzweigung nach links sollten wir einen kurzen Abstecher zum sogenannten *Meisenbrunnen* machen, bei dem links des Weges mehrere kleine Bächlein aus dem Berghang hervorsprudeln. An heißen Sommertagen ist das klare, kühle Bergwasser sicherlich eine willkommene Erfrischung. Von nun an plätschert der Meisenbach neben dem Weg ins Tal.

Gegenüber der ersten Wiese im bald erreichten *Meisengrund* können wir rechts im Wald die runde Fläche einer ehemaligen Kohlplatte erkennen. Hier haben die Köhler früher ihre großen Meiler errichtet, in denen sie in tagelanger, sorgfältiger Arbeit Holz zu Kohle verschwelten. Rundherum können wir am Boden noch alte Holzkohlenstückchen herumliegen sehen.

Durch die Bäume können wir jetzt schon den See erkennen und umrunden als nächstes eine Wiese, auf der im Sommer oft ein Zeltlager für Jugendliche aufgebaut ist. Nach weiteren 100 Metern zweigt links ein Pfad zum See ab. Hier befindet sich auch ein Toilettengebäude für die vielen Besucher. Im Badebereich des Marbachstausees können die Kinder jetzt je nach Alter und Können planschen, baden oder gar den See durchschwimmen. (Achtung: Vor dem Badevergnügen sollten sich alle über eventuelle Badeverbote aufgrund stärkerer Verschmutzungen des Wassers informieren. Über ein generelles Badeverbot lagen bis zur Drucklegung dieses Buches noch keine Informationen vor, das Landratsamt informiert über Hinweistafeln am Ufer.) Außerdem können wir jetzt unsere mitgebrachten Boote schwimmen lassen. Falls ein Segelboot zuweit in den See hinaus treibt, muß eben jemand hinterherschwimmen.

Marbachstausee

Für den nach ausgiebigen Badefreuden doch irgendwann anzutretenden Rückweg nehmen wir den Weg an der Zeltwiese vorbei geradeaus in den Wald und folgen den Strommasten. Der Waldweg führt auf der linken Talseite bergan. Auch hier begleitet uns zeitweilig ein kleines Bächlein an der rechten Seite. Wir folgen dem Weg immer bergauf, bis wir wieder auf Felder und Wiesen stoßen. Hier führt er uns nun nach links zu einer Kreuzung am Waldrand, bei welcher wir uns dann nach rechts aufs offene Feld halten. Bei der nächsten Gabelung bietet sich uns ein weiter Blick über das Mümling-Tal. Als höchste Erhebung erkennen wir auf der anderen Seite des Tals den Krähberg mit einer Höhe von 555 Metern. Hier wenden wir uns nach rechts und umrunden so das Dorf *Etzean*. Auf den vielen Weiden grasen Kühe und Pferde. Beim zweiten Hof halten wir uns nach rechts auf den Wald zu. Kurz hinter dem örtlichen Wasserbehälter wenden wir uns am Waldrand nach links und sind bald wieder von hohen Bäumen umgeben. Im Dorf erzählten sich die Bauern früher manche Sage von den Köhlern, die hier im Walde lebten. Es waren arme Leute, die einsam im Wald hausten und den anderen nicht ganz geheuer waren.

Nach einiger Zeit treffen wir auf einen asphaltierten Weg; hier müssen wir uns zunächst nach rechts wenden und dann kurz darauf den zweiten Weg nach links wählen. Bis zum Auto geht es auf dem Sandweg nun nur noch bergab. Bei einer Weggabelung halten wir uns rechts und können jetzt schon Airlenbach unter uns liegen sehen. Am Ende des Weges wenden wir unsere Schritte nach links und sind gleich wieder im vertrauten Talgrund. Nun sind es nur noch wenige Meter bis zu unserem Auto an der Dicken Eiche, wo nach diesem langen Tag hoffentlich eine kleine Stärkung auf uns wartet.

i

Wie kommt man zur Dicken Eiche in Airlenbach?
Airlenbach liegt knapp 3 km westlich von Beerfelden, welches leicht über die B 45 (Deutsche Ferienroute Alpen-Ostsee) zu erreichen ist. Die Dicke Eiche steht am Anfang des Ortes auf der rechten Seite und ist nicht zu verfehlen.

Weglänge: ca. 11 km

Einkehrmöglichkeiten: verschiedene Möglichkeiten in Beerfelden

Besonderes:
Auf dem Weg von Beerfelden nach Airlenbach passieren wir den gleich hinter dem Ortsausgang auf einem Hügel gelegenen Beerfelder Galgen. Wer sich mit seinen Kindern dieses Relikt der Blutgerichtsbarkeit ansehen möchte, kann direkt daneben parken. Die alten Hinrichtungsstätten – von denen es früher erstaunlich viele gab, wie alte Flurnamen bei fast jeder größeren Ortschaft zeigen (Galgenloh, Galgenbuckel, Diebsgrund) – waren stets verrufene Plätze, an denen die hier oft grausam bestraften Räuber, Brandstifter und Diebe zur Gei-

sterstunde umgingen und die unschuldig Verurteilten ihr Schicksal beklagten.

Kartenempfehlungen:

1 : 50 000	Hessisches Landesvermessungsamt
TF 50-2	Naturpark Bergstraße-Odenwald Nordost
1 : 25 000	Hessisches Landesvermessungsamt
TK 25 6319	Erbach und TK 25 6419 Beerfelden

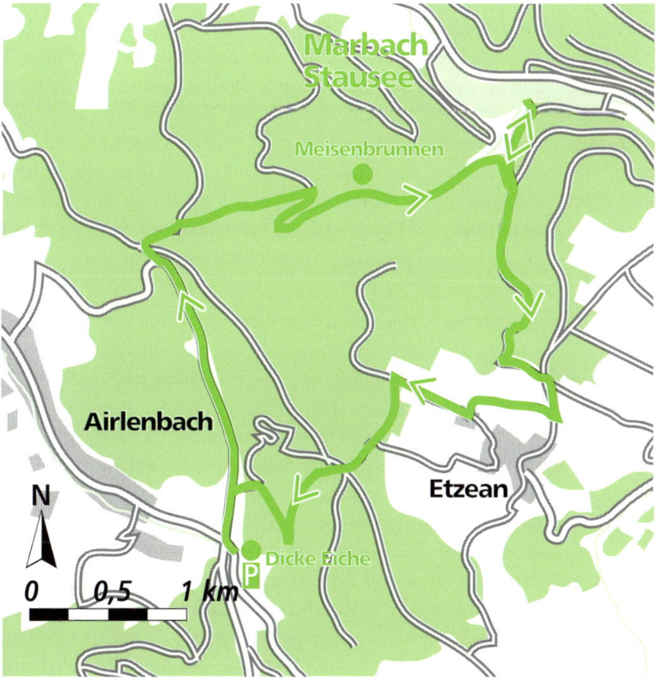

16 In den Jagdgründen der Nibelungen

Mit Karte und Kompaß zum Siegfriedsbrunnen bei Grasellenbach

Der Odenwald ist Nibelungenland. Diese berühmteste aller deutschen Sagen hat hier im ehemaligen Reich der Burgunder ihren Ursprung. Bekanntlich wurde das mittelhochdeutsche Heldenepos etwa um das Jahr 1200 von einem unbekannten Dichter verfaßt, beruht in seinem historischen Kern jedoch auf Ereignissen der Völkerwanderungszeit: Im frühen 5. Jahrhundert lebte am Rhein bei Worms der germanische Stamm der Burgunder, der auch tatsächlich einen König namens Gundicari hatte. Später wurden die Burgunder von den Römern umgesiedelt.

Viele Orte im Odenwald nehmen heute für sich die Ehre in Anspruch, Schauplatz von Siegfrieds Ermordung gewesen zu sein, ohne dies jedoch zweifelsfrei beweisen zu können. Der im Lied erwähnte Wasgenwald wird mal am Unterlauf und mal am Oberlauf der Weschnitz vermutet, die Anhänger des Lindelbrunnens meinen ihre These noch nach 1500 Jahren durch die dort wachsenden Bäume untermauern zu können, an welche Siegfried seinen Speer gelehnt haben soll, und unser heutiges Wanderziel zieht seine Berechtigung aus der Erwähnung des Spechtshartes, der hier mit dem Spessartskopf identifiziert wird. Da der Mord an Siegfried jedoch aller Wahrscheinlichkeit nach keine historische Tatsache darstellt, ist es eigentlich auch fast egal, welchen Ort der Dichter zum Vorbild nahm. An mancher einsamen Waldquelle kann man sich das Geschehen vorstellen. Mit Sicherheit jedoch pflegten die Burgunderherrscher den wildreichen und fast menschenleeren Odenwald zur Jagd aufzusuchen und werden dabei wohl auch durchs Ulfenbachtal am Spessartskopf gestreift sein.

In der Sage ist Siegfried, der unverwundbare Drachentöter, der beste Freund des Burgunderkönigs Gunther, bis dieser ihn durch seinen Getreuen Hagen umbringen läßt. Der Grund für diesen Meuchelmord lag bekanntlich in einer Intrige, die schon im fernen Island ihren Anfang genommen hatte. Da Gunther selbst nicht stark genug war, um die Königin Brunhild zu überwinden und so zur Frau zu bekommen, half Siegfried ihm unerkannt mit seiner Tarnkappe, einem Zaubermantel. Auch nahm er ihr später den Kraftgürtel ab. Dafür erhielt er Gunthers Schwester Kriemhild zur Frau, welche das Geheimnis jedoch erfuhr und Brunhild dann bei einem Streit vor dem Wormser Dom öffentlich bloßstellte. Daraufhin beschlossen die Burgunder den Tod ihres Kampfgefährten. Durch List erfuhr Hagen Siegfrieds einzige verwundbare Stelle, welche ein Lindenblatt beim

Baden im Drachenblut verschuldet hatte, und streckte ihn bei einem Jagdausflug in den Odenwald nach einem Wettlauf zum Brunnen hinterrücks nieder.

Empört über diesen schändlichen Verrat an ihrem Mann beschloß Kriemhild sich an den Burgundern zu rächen. Sie heiratete den Hunnenkönig Etzel und zog bei einem Fest an seinem Hofe ihre Brüder mitsamt Gefolge in einem furchtbaren Gemetzel ins Verderben. Aus den ergreifend geschilderten Kampfszenen zwischen befreundeten, aber durch Eide gebundenen Rittern entsprang später der Begriff der „Nibelungentreue": Gehorsamkeit bis zum bitteren Ende.

Die Nibelungen selbst sind übrigens ein sagenhaftes Geistervolk, denen Siegfried einen großen Goldschatz, den Nibelungenhort abgewinnt. Fortan ist auch er ein Nibelung. Später wird die Bezeichnung dann auch auf die Burgunder übertragen, der Schatz jedoch von Hagen im Rhein versenkt.

Falls die Wegbeschreibung einmal schlecht sein sollte – was wir nicht hoffen wollen! – wir uns verlaufen haben oder Nebel uns die Sicht nimmt, kann uns ein Blick auf den Kompaß die einzuschlagende Richtung weisen. Deshalb ist es auch für die Kinder nie verkehrt, zur besseren Orientierung im Umgang mit Karte und Kompaß vertraut zu sein. Die heutige Wanderung können wir dafür gut als Übung nutzen. Bei den meisten Wegänderungen haben wir die zu wählende Himmelsrichtung angegeben. Das Anführen der Familie mit Hilfe eines richtigen „Wanderinstruments" macht den Kindern natürlich auch großen Spaß. Anhand der Kartenskizze können die Erwachsenen immer überprüfen, ob der Kompaß auch richtig abgelesen wurde.

Daß sich ein frei bewegliches Eisenstück am Magnetfeld der Erde immer in Nord-Süd-Richtung ausrichtet, war schon den alten Chinesen bekannt. In Europa kam der Kompaß jedoch erst im Mittelalter auf und ermöglichte die großen Entdeckungsreisen.

Vom *Parkplatz Striet* aus wandern wir in östliche Richtung los, der Weg ist mit einer *weißen G 6* markiert. Schon bald erreichen wir den Wald, der hier überwiegend aus Nadelbäumen besteht, aber ab und zu auch von schönen Mischwäldern aufgelockert wird. Der markierte Weg verläßt uns bald in nördlicher Richtung, während wir dem Weg geradeaus folgen, bis wir zu einer größeren Kreuzung mit einem alten *Grenzstein* kommen. Ein Wegweiser belehrt uns über unsere momentane Höhe von 470 Metern. Hier sind zwar viele Orte angegeben, wir schauen jedoch lieber auf den Kompaß und schlagen den südlichen Weg ein. Er ist mit einer *weißen GÜ V* markiert. Das *V* ist keine römische 5, sondern kennzeichnet alle *Verbindungen* zwischen den einzelnen Wanderwegen.

Auch wenn im Wald überall Hinweisschilder zum Siegfriedbrunnen auftauchen, folgen wir weiter unsererm Weg, welcher nach einiger Zeit als *GÜ 4* ausgewiesen wird. Diese Markierung zweigt bald nach rechts ab, während wir auf dem östlichen Hauptweg bleiben. Wir stoßen dann auf die Kehre eines weiteren Wirtschaftsweges und wählen hier die südliche Richtung.

Nach einigen Windungen gelangen wir zu einem großen Wegetreffpunkt bei den *„Drei Eichen"*, unter denen wir eine Rast einlegen können, während die Kinder den richtigen der sechs möglichen Wege herausfinden müssen. In welche Himmelsrichtungen könnte man von hier aus gehen? Der südwestliche Weg führt uns dann ein wenig bergab weiter. Bei der ersten Linkskurve wechseln wir auf einen geradeaus führenden Grasweg, welcher bald zum schmalen Pfad wird.

Nach wenigen Schritten stehen wir vor einem Schild, welches das **„Rote Wasser von Olfen"** als Naturschutzgebiet ausweist und uns um ein besonders rücksichtsvolles Verhalten ersucht. Seinen merkwürdigen Namen hat das Moorgebiet von Eisenablagerungen, welche das Wasser ein wenig rötlich erscheinen lassen. Als Hochmoor ist das „Rote Wasser" über einer wasserundurchlässigen Tonschicht entstanden und besteht überwiegend aus Torfmoos. Dieses wächst an seiner Spitze unaufhörlich in die Höhe, während die alten, unteren Teile absterben und sich im Wasser langam in bräunlichen Torf umwandeln. Der Torf speichert das Wasser wie ein Schwamm, so daß es im Moor auch nach langer Trockenheit noch feucht ist. Dies hat zur Ansiedelung einer ganz speziellen Pflanzengemeinschaft geführt: Neben den Torfmoosen finden sich im „Roten Wasser" Seggen, Wollgras, Moosbeeren und andere typische Sumpfpflanzen. Auch einige Exemplare des insektenfangenden Sonnentaus sollen sich im Kernbereich des Moores erhalten haben, sie sind vom Weg aus aber nicht zu erkennen. Leider wurden die meisten Moore von den Menschen entwässert, um den Torf zu erhalten und Nutzland zu gewinnen. Deshalb sind die Moorpflanzen und -tiere oft vom Aussterben bedroht.

Etwa 50 Meter hinter dem Schild liegt rechts im Gebüsch versteckt eine *Bank*, an ihr führt uns gleich unser Weg vorbei, zunächst gehen wir jedoch noch einige Schritte weiter geradeaus, bis wir den Abfluß des Moores erreicht haben. Vorsicht dabei mit den Schuhen, hier ist es immer recht feucht! An den Moortümpeln lassen sich wunderschöne Libellen beobachten, welche über die grünen Moospolster schwirren und in der Sonne funkeln.

Anschließend kehren wir zur Bank zurück und folgen von dort einem Pfad am Waldrand entlang, welcher mit einer *gelben 2* gekennzeichnet ist. Hier am Randbereich des Moores ist viel Farn und Heidekraut anzutreffen. Um ganz sicher zu gehen sollte vielleicht mal wie-

Am Roten Wasser von Olfen

der der Kompaß befragt werden, eigentlich müßten wir uns in nordwestliche Richtung bewegen.

Am Ende des Moores folgen wir dem alten Weg im Talgrund bergan. Bevor dieser dann jedoch bald nach rechts abbiegt, gehen wir links einige Schritte den Berghang hinauf und stehen sofort auf dem nächsten Waldweg und behalten die nordwestliche Marschrichtung bei. Bei der nächsten 6-Wege-Kreuzung wählen wir den westlichen Weg, welcher mit einer *weißen AF 1* bezeichnet ist. Hinter einer Lichtung erreichen wir den nächsten Querweg und wenden uns nach Norden. An den Baumstämmen sehen wir hier eine *gelbe 6* und eine *weiße G 2*. Die Markierung führt bald rechts auf einem Grasweg in den dichten Wald. Ohne spürbare Anstrengung erreichen wir so bei der *„Sparer Rast"* den bewaldeten Gipfel des 548 Meter hohen *Spessartkopfes*. Unser Weg führt weiter gen Norden und ist auch als „Drachenrundgang" ausgeschildert.

Nach einigen hundert Metern sehen wir rechts unter uns im Wald eine *Schutzhütte* liegen. Während der Drachenweg weiter geradeaus verläuft, folgen wir jetzt endlich dem Schild zum **Siegfriedbrunnen**. An der sagenumwobenen Stätte erinnert ein Gedenkstein mit einigen Zeilen aus dem Nibelungenlied an Hagens Untat.

Vom Brunnen führen uns die *gelben Ziffern 3* und *6* durch eine Allee mächtiger Fichten zu einem befestigten Querweg, welchem wir etwa 200 Meter nach Osten folgen müssen, bevor ein schmalerer Waldweg in nördliche Richtung abzweigt. Bei den beiden folgenden Kreuzungen behalten wir die Orientierung nach Norden bei und gelangen bald in den Grund des Wiesentales, an dessen anderer Seite sich der *Parkplatz Striet* befindet. Um dorthin zu gelangen, halten wir uns am Waldrand westwärts und queren dann das Tal mit dem ersten Weg nach rechts.

Hier können wir am schön gelegenen *Tretbecken* unsere erschöpften Wanderfüße erfrischen oder einfach ein wenig im Wasser plantschen. Zum Auto sind es von hier aus dann nur noch wenige Minuten.

i

Wie kommt man zum Naturpark-Parkplatz Striet bei Grasellenbach?
Grasellenbach liegt etwa 5 km östlich von Fürth im Ulfenbachtal und ist leicht über die B 460 ("Siegfriedstraße") zu erreichen. Der Parkplatz liegt östlich des Ortes am Ende einer Straße mit vielen Pensionen. Er ist an der Hauptstraße nicht ausgeschildert.

Weglänge: ca. 8 km

Auskünfte: Arbeitsgemeinschaft
Nibelungen-Siegfried-Straße
Rathaus
64678 Lindenfels
Telefon 0 62 55/24 25

Einkehrmöglichkeiten: diverse Möglichkeiten in Grasellenbach

Tip:
Mit dem Auto sind es von Grasellenbach nur etwa 8 km bis zum Lindelbrunnen zwischen Hiltersklingen und Hüttenthal an der B 460, von dem ebenfalls behauptet wird, der wahre Ort des berühmten Geschehens zu sein.

Kartenempfehlungen:

1 : 50 000	Hessisches Landesvermessungsamt
TF 50-2	Naturpark Bergstraße-Odenwald Nordost
1 : 25 000	Hessisches Landesvermessungsamt
TK 25 6319	Erbach

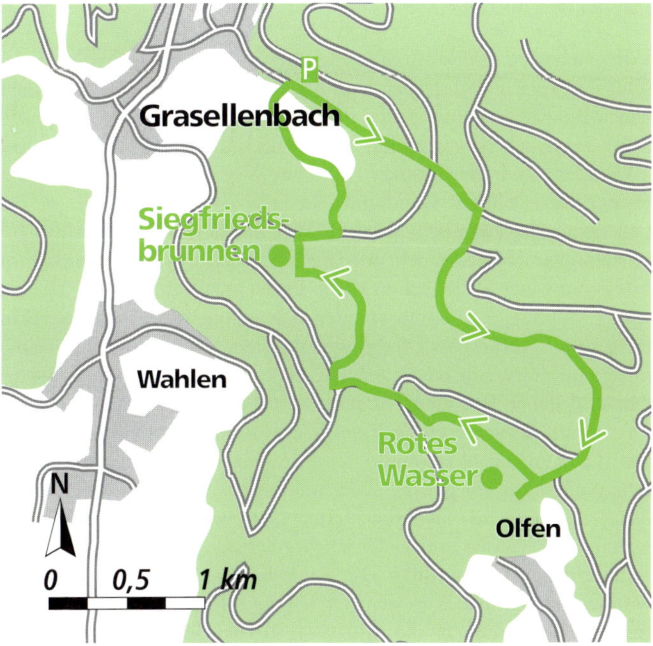

17 Wo sich Fuchs und Hase Gutenacht sagen

Zum einsamen Forsthaus von Dürr-Ellenbach

Inmitten unserer zersiedelten Landschaft ist es schwer geworden, in wirkliche Abgeschiedenheit vorzudringen. Die meisten Täler werden von Straßen durchzogen und von den Höhenrücken blickt man auf Neubaugebiete und Industrieflächen. Deshalb haben wir für diesen Wandervorschlag ein einsames Tal gesucht, welches uns einmal soweit wie möglich von der Zivilisation weg führen soll.

Solch eine lange Waldwanderung ist hervorragend für eine spannende Schatzsuche geeignet. Bei genauem Hinsehen kann man hier vieles entdecken, wofür die Erwachsenen meist keinen Blick mehr haben, was in Kinderaugen jedoch höchst interessante Kostbarkeiten sind: Da liegen schöne leere Schneckenhäuser und tote Käfer am Wegesrand, im Heidekraut steckt die bunte Feder eines Eichelhähers und im Wald finden sich merkwürdig geformte Holzstücke.

Um diese Fundstücke sicher mit nach Hause zu bringen, sollte ein gut ausgerüsteter Schatzsucher immer ein paar Gefäße in der Jackentasche haben. Leere Zigarettenschachteln und Filmdosen eignen sich da ganz ausgezeichnet.

Vom *Parkplatz in Ober-Schönmattenwag* aus folgen wir den Hinweisschildern zum *Waldlehrpfad*. Von der Straße biegen wir jedoch nicht gleich links ab, sondern gehen bis zum Waldrand, wo der Weg nach Dürr-Ellenbach ausgeschildert ist und nach links in die Felder führt.

Hier sehen wir gleich linker Hand am Weg sogenannnte *Stellsteine*, flache, hohe, oft aus Bundsandstein gefertigte Steinplatten, welche nebeneinander aufgestellt wurden. Wer hat eine Idee, wozu das gut sein könnte? Heute braucht man sie eigentlich nicht mehr, noch vor 50 Jahren waren sie jedoch in vielen Orten anzutreffen. Man schützte damit nämlich die Gärten vor den Schweinen, welche früher nicht ihr ganzes Leben im Stall verbringen mußten, sondern vom Schweinehirten auf die Weide oder zur Eichelmast in den Wald getrieben wurden und dabei gern einen Abstecher in die Gemüsegärten machten.

Auch auf der anderen Seite des Weges können wir bald ein Relikt aus der Vergangenheit entdecken, ein *Flachsbrechloch*, welches das einzig erhaltene im ganzen Odenwald sein soll. Bevor unsere Kleidung überwiegend aus importierter Baumwolle hergestellt wurde, waren neben Wolle und Leder jahrhundertelang einheimische Pflanzenfasern dafür notwendig. Diese wurden vor allem aus Flachs gewonnen, waren jedoch in der Herstellung sehr mühsam. Eine Informationstafel beschreibt die Arbeitsschritte bei der Leinenherstellung:

Zunächst mußten die im Sommer geernteten Stengel getrocknet, später dann mit eisernen Kämmen von ihren Samen – wir kennen sie heute noch aus Müslimischungen – befreit werden. Anschließend mußte der Flachs mehrere Wochen durchfeuchtet werden, damit sich die Holzteile des Stengels von den begehrten Bastfasern lösten. Um die feuchten Stengel für den nächsten Arbeitsgang, das Brechen, wieder trockenzubekommen, wurden nun die Flachsdarren benötigt. Wegen der großen Feuergefahr wurden sie zumeist – wie hier – weit außerhalb der Ortschaften angelegt. Ein langer unterirdischer Rauchkanal führt zu dem runden Becken, über dem die Stengel auf einem Rost getrocknet wurden. Beim anschließenden Knicken der Stengel in den Flachsbrechen fielen die meisten Holzteile ab, der Rest wurde am Schwingstock herausgeschlagen. Nun mußten die wirren Bastfasern durch verschiedene Eisenbürsten gezogen werden. Erst nach diesem Hecheln waren sie ausreichend vorbereitet, um im Winter versponnen zu werden. So viel Arbeit und noch immer keinen Faden, geschweige denn ein Kleidungsstück! Kein Wunder, daß die meisten Leute früher nur wenige Sachen zum Anziehen hatten.

Unsere Wanderung wird uns bis zum Ende des vor uns liegenden langgestreckten *Dürr-Ellenbachtales* führen, wo sich die Quelle des Baches befindet, dessen Lauf wir mehr oder weniger folgen. Insgesamt gilt es, etwa 170 Höhenmeter zu steigen, doch sind diese relativ gleichmäßig über die Strecke verteilt.

Der gesamte Talgrund ist wegen seiner Abgeschiedenheit und landschaftlichen Schönheit unter Naturschutz gestellt worden. Wir sollten nicht den Weg verlassen und den Bachlauf erkunden, da hier seltene Tiere ihren Lebensraum haben.

Einmal dürfen wir aber doch am Bach plantschen, nach links weist uns ein Schild zum *Tretbecken.* Hier können wir schon mal gemütlich rasten, oder aber auch etwas für unsere Gesundheit tun: Schuhe und Strümpfe ausziehen, Hose hochkrempeln und dann anderthalb bis zwei Minuten wie ein Storch durchs kalte Wasser stapfen. Hinterher kehren wir zum Hauptweg zurück.

Bei der nächsten Gabelung halten wir uns rechts, der Weg ist mit einer *gelben 1* gekennzeichnet. Nachdem uns der Weg bislang hauptsächlich durch Wiesen führte, wandern wir nun durch kleinere Waldstücke, während sich der Bachlauf malerisch in seinem natürlichen Bett durchs Tal schlängelt.

Hier stoßen wir auf den *Waldlehrpfad*, welcher mit sehr guten Texten auf Bäume, Vögel und Pilze aufmerksam macht, wobei vor allem auf einen bewußten Umgang mit der Natur wert gelegt wird.

Bald gelangen wir auf einen Querweg, welchem wir nach links folgen müssen. Der Waldlehrpfad biegt hier nach rechts ab, wir gehen jedoch geradeaus weiter das Tal entlang. Nun liegen für eine Weile auch im Talgrund keine Wiesen mehr, der Bach fließt durch den dunklen Wald. Der Mittelteil des Tales ist stark mit Fichten aufgeforstet worden, nachdem die landwirtschaftliche Nutzung in den letzten 150 Jahren immer mehr eingestellt wurde.

Nach etwa einem Kilometer erreichen wir erneut offeneres Gelände, mächtige Eichen säumen den Weg. Bei einer Kreuzung wählen wir den oberen Weg, welcher in etwa unserer bisherigen Richtung entspricht. Nach wenigen hundert Metern öffnet sich das Tal vor uns in Wiesen und Weiden, linker Hand ruht ein kleiner Teich, dahinter erkennen wir die Dächer von mehreren Gebäuden. Nun sind wir doch neugierig, was dies mitten im Wald wohl sein mag? Bald stehen wir auf dem Hof des letzten Anwesens von **Dürr-Ellenbach**. Das an der Wetterseite verschindelte Fachwerkhaus von 1793 beherbergt heute die Försterei. Vor hunderten von Jahren standen hier noch weitaus mehr Häuser und Gehöfte, es gab sogar eine Mühle und eine Brennerei. Dürr-Ellenbach war ein richtiges kleines Dorf, das jedoch aufgrund schlechter wirtschaftlicher Verhältnisse von immer mehr Bewohnern verlassen werden mußte. Vor dem 2. Weltkrieg bildeten seine 4 Einwohner die kleinste Gemeinde Deutschlands. Die Fachwerkhäuser des verschwundenen Dorfes wurden oft verkauft, niedergerissen und an anderen Orten des Odenwalds wieder aufgebaut, wo sie teilweise heute noch stehen.

Das einsame Forsthaus

Für den Rückweg wandern wir wieder zur Kreuzung und biegen dort nach rechts ab. Auf der anderen Seite des Baches führt links ein Weg talabwärts. Das Sandsteingebäude rechts des Weges dient der Wasserversorgung von Schönmattenwag. Wir bleiben nun immer am rechten Bachufer, wobei wir an Brunnen, kleinen Quellbächlein und sogar an einem schönen Wasserfall vorbeispazieren. Je nach Witterung kann der Weg an einigen Stellen allerdings recht feucht sein.

Nachdem wir wieder beim Tretbecken vorbeigekommen sind, überqueren wir schließlich den Bach und sind bald wieder in *Schönmattenwag* bei unserem Auto.

Wie kommt man zum Parkplatz in Ober-Schönmattenwag?
Der Ort liegt an der L 3105 und ist am einfachsten über Hirschhorn am Neckar zu erreichen. Biegen wir dann in Ober-Schönmattenwag nach rechts in Richtung Raubach ab, können wir links hinter der Bachbrücke parken. Der Parkplatz ist nicht beschildert, am Ende ist ein Pfad zum Waldlehrpfad ausgewiesen.

Weglänge: 10 km

Einkehrmöglichkeiten: in Hirschhorn

Kartenempfehlungen:

1: 50 000	Landesvermessungsamt Baden-Württemberg Blatt 30 Naturpark Odenwald Südwest
1 : 50 000	Hessisches Landesvermessungsamt
TF 50-2	Naturpark Bergstraße-Odenwald Nordost
1 : 25 000	Hessisches Landesvermessungsamt
TK 25 6419	Beerfelden

Im Exotenwald von Weinheim

Wenn es um seltene Pflanzen oder Bäume geht, so kann Weinheim mit einer ganzen Reihe von Superlativen aufwarten. Das günstige Bergsträßer Klima, aber auch die kostspielige Liebhaberei einiger wohlhabender Weinheimer Bürger führten zu einer europaweit wohl einzigartigen Ansammlung exotischer Gewächse. Die Wanderung ist besonders in der ersten Oktoberhälfte sehr reizvoll, da die Kinder zu dieser Zeit im Exotenwald die schönsten Herbstblätter in mannigfachen Formen und Farben sammeln können. Anschließend besuchen wir die sagenumwobene Ruine der Burg Windeck, auf der einst ein Burgfräulein lebte, das sich unsterblich in einen armen Knappen verliebt hatte und alle anderen Ritter abwies. Ihr zorniger Vater erdolchte den Burschen, woraufhin jedoch auch das Mädchen aus Kummer bald starb. Noch heute soll sie in stillen Nächten weißgewandet in der Nähe der Burg umhergehen.

Wer mit der Bahn anreist folgt vom *Bahnhof Weinheim* aus den Hinweisen in Richtung Stadtmitte und wird ohne Schwierigkeiten den alten *Marktplatz* finden. Rechts oberhalb davon befindet sich der *Schloßpark*. Autofahrer können direkt davor parken. Der Schloßpark wurde zunächst im französischen Stil angelegt und erst später in einen englischen Landschaftsgarten umgewandelt. Der Schloßherr Graf von Berckheim war ein leidenschaftlicher Pflanzensammler, welcher den Park mit manch fremdländischem Baum bereicherte, den er von ausgedehnten Reisen mitbrachte. Für die vielen kostbaren Mitbringsel seiner Kalifornienreise erwies sich der Schloßpark dann allerdings als zu klein, so daß 1872 mit der Anlage des Exotenwaldes auf dem angrenzenden Bergrücken begonnen wurde.

Wir verlassen den Schloßpark hinter dem See mit den Springbrunnen durch ein altes Sandsteintor und stehen direkt am unteren Eingang des **Exotenwaldes**. Eine Tafel zeigt die verschlungenen Wege und informiert über die Standorte der einzelnen Baumarten, welche vor Ort immer sehr gut beschrieben werden.

Bevor wir gleich den Exotenwald durchwandern, liegt jedoch noch linker Hand ein toller Spielplatz, an dem die Kinder sicher nicht achtlos vorbeigehen werden.

Im Wald sind mehrere Rundwege mit schwarzen Ziffern auf kleinen Holztäfelchen ausgeschildert. Wir folgen ausschließlich der *schwarzen 3*, welche uns in weiten Schwüngen zum Kneippbecken an der linken Seite des Waldes führen wird. Der breite Weg ist teils asphaltiert und teils geschottert und hat zumeist nur sanfte Steigungen. Der besondere Reiz des Exotenwaldes liegt darin, daß die fremdländischen Bäume nicht wie in einem Park als besonderes Schmuckstück einzeln auf einer großen Wiese stehen, sondern in größeren Gruppen im Wald zwischen allerlei einheimischen Bäumen wie Buchen und Eichen wachsen. Tote Äste und umgefallenen Bäume werden oft bewußt liegen gelassen und bilden so im dichten Unterholz eine wertvolle Heimstatt für Vögel, Insekten und vielerlei Pflanzen wie Flechten, Moose und Pilze.

Zunächst kommen wir auf unserem Rundgang an einigen merkwürdigerweise Flußzedern genannten Zypressen vorbei, welche aus den Rocky Mountains stammen und wohl von uns allen schon mal in der Hand gehalten wurden, da sie vorzugsweise zu Bleistiften verarbeitet werden. Bei der ersten Kreuzung müssen wir der *schwarzen 3* nach rechts geradeaus folgen und nicht nach rechts rückwärts, da sich der Rundweg hier überschneidet. Am Wegesrand erblicken wir bald die hohen Urweltmammutbäume, die lange Jahre nur aus versteinerten Funden bekannt waren und deren Restbestände erst 1941 in China entdeckt wurden.

Nach einigen Kurven führt uns der Weg schließlich durch den *Mammutwald*, in dem etwa 150 dieser kalifornischen Sequoias wachsen. Es ist dies das größte Vorkommen in ganz Europa. Erst 1852 wurden sie in der unzugänglichen Sierra Nevada entdeckt und schon 20 Jahre später hier in Weinheim angepflanzt. In ihrer Heimat können die Baumriesen bis zu 100 Metern hoch werden und erreichen dabei in mehreren tausend Jahren Stammdurchmesser von über 12 Metern, weshalb sie auch schnell den Holzfällern zum Opfer fielen. Die Weinheimer Bäume sind mit ihren etwa 130 Jahren noch rechte Mammutbaumkinder, haben aber nun auch schon die stattliche Höhe von über 50 Metern bei einem Durchmesser von allerdings erst etwa 1,40 Metern erreicht, so daß man sich wohl gut die enorme Größe der kalifornischen Verwandten vorstellen kann. Zum Vergleich: Eine alte Buche wird etwa 30 - 40 Meter hoch.

Wir sollten einmal die Rinde der Bäume anfassen, die nicht fest wie bei einer Kiefer, sondern ganz weich und faserig ist.

Nach einer Wegbiegung strahlt im Herbst über uns das leuchtend orange Laub des kanadischen Zuckerahorns, aus welchem in Kanada der Ahornsirup gewonnen wird, indem man die Rinde anritzt und den herauslaufenden Saft auffängt. Wenn wir bislang sicher auch schon manch interessantes Blatt in unsere Sammeltüte gesteckt haben, so sollten wir doch keinesfalls auf einige der schön gezackten und intensiv gefärbten Ahornblätter verzichten.

Nach den Jeffrey-Kiefern geht der Weg zur *Kneipp-Anlage* bald nach links ins Tal hinab. Dabei kommen wir an einer umfangreichen Sammlung verschiedener Birkenarten aus der ganzen Welt vorbei. Wer hätte gedacht, daß es so viele davon gibt? Mittendrin stehen links des Weges einige Amberbäume, welche eigenartig sternförmiges Laub tragen, das sich im Herbst leuchtend gelb färbt. Wenn wir eines der Blät-

Im Hain der Mammutbäume

ter zwischen den Fingern zerreiben, verströmt es einen süßlichen Duft, weshalb der Baum auf englisch Sweetgum heißt.

Die Benutzung des unten im Tal gelegenen Tretbeckens dürfte im Herbst sicher eine arge Herausforderung darstellen, im Sommer wird die Erfrischung jedoch willkommen sein. Wir folgen dem Weg rechts um den Weiher herum und gelangen nach etwa 100 Metern über einen Treppenweg an der Waldschule vorbei in den Ort. Wir überqueren die Hauptstraße an der einige Schritte nach rechts gelegenen Ampel und folgen ihr dann etwa 50 Meter nach links bis zur „Zimmerbachstraße", welche uns über den Bach und an einem alten Fabrikgebäude vorbei geradewegs wieder in den Wald führt.

Nach den letzten Häusern geht die Straße in einen schmalen Pfad über, welcher durch eine tiefe Waldschlucht recht steil bergan führt. Bei einem Querweg oben im Wald folgen wir diesem nach links. Er führt uns parallel zum Hang durch alte Obstgärten auf die Burg Windeck zu. Bei einer Gabelung wählen wir den rechten Weg abwärts und sehen schon die Ruine links von uns liegen.

Beim nächsten Querweg können wir einen Abstecher von ca. einer 3/4 Stunde auf die **Wachenburg** machen, welche zwischen 1907 und 1928 von Weinheimer Corpsstudenten als Begegnungsstätte in neoromanischem Stil errichtet wurde. Ein *weißes Quadrat* führt uns nach rechts auf den Burgberg, von wo aus wir einen weiten Blick in die Rheinebene genießen können. In der Burgschenke haben wir auch die Möglichkeit uns zu stärken.

Ist uns dies jedoch zu weit, so folgen wir dem *weißen Quadrat* nach links und gelangen bald zur Ruine der **Burg Windeck**, welche um 1130 erbaut wurde und im 17. Jahrhundert durch die Franzosen zerstört wurde. Eine Besonderheit dieser mittelalterlichen Anlage ist der Bergfried, bei dem sich die Treppe nicht in der Mitte befindet, sondern als schmale Wendeltreppe in die meterdicke Außenwand des Turms eingelassen wurde. Vom Bergfried aus bietet sich auch hier ein weiter Blick. Ganz unten im Turmverlies gruben einst Männer aus Weinheim nach einem verborgenen Schatz. Tatsächlich fanden sie auch bald wertvolle alte Schwerter und kostbaren Goldschmuck. Als sie jedoch wieder aus dem Turm heraus waren und im Burghof nach ihren Schätzen sehen wollten, hatten sie nur noch Steine in der Tasche. Noch manch andere alte Sage kreist um das verfallene Gemäuer. So soll etwa in der Vorweihnachtszeit Gesang aus der alten Burgkapelle ertönen und der schon längst verstorbene Burgkaplan betend im Hof umgehen. Auch der Burgkoch kann keine Ruhe finden und soll sogar handgreiflich gegen einige Besucher geworden sein. Er hat natürlich nichts mit dem heutigen Koch gemein, der in der Burgschenke arbeitet. Auch der wilde Jäger, den wir schon in der Burg Rodenstein (siehe Kapitel 5) kennengelernt haben, treibt sich in stürmischen Nächten mit lautem Getöse und Waffengeklirr in der Burg herum. Angeblich trauten sich dann viele der unten im Tal wohnenden Menschen nicht mehr vor die Tür.

Wir folgen der Straße von der Burg aus abwärts und schlagen dann den ersten Weg nach rechts ein, welcher wieder mit dem *weißen Quadrat* gekennzeichnet ist und unter der Burg herum bergab führt. Auf dem alten Weg zur Burg ritt früher ein gruseliges Gespenst ohne Kopf herum, welches vermutlich ein böser Windecker Ritter war, der so für seine Untaten büßen mußte. Vielleicht war es ja der Vater des unglücklichen Burgfräuleins?

Bald zweigt links ein schmaler Treppenweg ab, der uns durch blühende Gärten nach Weinheim hinabführt. Der gepflasterte Weg mündet schließlich auf eine große Straße, welche wir überqueren. Auf der anderen Seite führt uns dann die „Münzgasse“ durch das idyllische *Gerberviertel* mit seinen oft sehr alten Fachwerkhäusern direkt auf den historischen *Marktplatz* mit dem alten Rathaus zu, welchen wir schließlich über eine Treppe und durch ein kleines Tor hindurch erreichen. Hier bieten uns viele Straßencafés und Restaurants die Möglichkeit einer geruhsamen Pause im Schatten der großen Robinien.

Wie wir oben gehört haben, ranken sich in Weinheim viele Sagen um die den Menschen nicht ganz geheure Burgruine. Doch auch die Stadt selbst bot Stoff für manch schauerliche Erzählung, die sich vornehmlich um große, schwarze Hunde mit feurigen Augen, verzauberte Brunnen, umgehende Gespenster und weiße Frauen drehen, aber auch von einem recht harmlosen weißen Entlein berichten, das sich einfach nicht fangen ließ und deshalb wohl ein Dämon sein mußte, vor dem man sich besser mit einer Zauberformel schützte.

Vor der Kirche am oberen Ende des Marktplatzes wenden wir uns nach rechts in die „Rote Turmstraße", welche uns vorbei an diesem Relikt der alten Stadtbefestigung aus dem 14. Jahrhundert in Richtung *Parkplatz* führt.

Wer noch immer nicht genug Blätter in seiner Tüte hat oder sich sehr für außergewöhnliche Pflanzen interessiert, dem sei noch ein kurzer Abstecher zum hier in der nächsten Querstraße – der „Grabengasse“ – gelegenen **Hermanshof** empfohlen. Schon vor über 200 Jahren wurde mit der Anlage dieses parkähnlichen Schaugartens rund um eine im Herzen der Stadt gelegene Bürgervilla begonnen. Über 10.000 Staudenpflanzen aus aller Herren Länder sind je nach Herkunftsort in Steppenpflanzen, Sumpfpflanzen oder Präriepflanzen gruppiert. Da die Anlage auch wissenschaftlichen Zwecken dient, dürfen wir zwar keine Pflanzenteile abpflücken, es hat jedoch niemand etwas dagegen, wenn wir einige der fächerförmigen Gingkoblätter oder das bizarre Laub des nordamerikanischen Tulpenbaums in der Nähe der großen Villa einsammeln. Bei einem weiteren Rundgang durch den Garten können wir noch manch anderes interessante Blatt finden. In einem kleinen Tümpel tummeln sich Fische unter großen Teichrosenblättern. Wer allerdings die Blütenpracht der vielen Pfingstrosen, Irisarten und Taglilien erleben möchte, der muß noch einmal im Frühling oder Sommer herkommen.

Vom Hermanshof sind es nur noch wenige Schritte bis zum etwas oberhalb gelegenen Parkplatz, wobei wir unseren Weg durch den

Garten des heutigen Weinheimer *Rathauses* nehmen können, welcher immerhin die älteste und größte Libanonzeder Deutschlands beherbergt, die wirklich einen imposanten Anblick bietet.

Zuhause angekommen, heißt es erst einmal die Blätter auszubreiten und dann so gerade wie möglich zwischen saugfähiges Papier (Löschpapier, Küchenpapier) zu legen und ein paar Tage zu trocknen. Damit sie schön glatt werden, beschweren wir den Stapel mit einigen dicken Büchern. Ganz eilige können die Blätter zwischen dem Papier auch trockenbügeln.

Mit den fertig getrockneten Blättern können wir die verschiedensten Sachen basteln: Auf Papierstreifen geklebt und mit durchsichtiger Klebefolie geschützt entstehen im Handumdrehen die schönsten Lesezeichen. Auch Hefte und Schachteln lassen sich so verschönern. Wenn wir die Blätter auf weißes Papier legen und mit dem Daumen und einer alten Zahnbürste buntes Tuschwasser darüber sprühen, entstehen interessante Negativabdrücke der Blätter. Wir können auch einen großen, kahlen Herbstbaum malen und dann mit unseren bunten Blättern bekleben. Sicher fallen den Eltern auch noch einige andere Ideen aus der eigenen Kindheit ein.

Natürlich können wir auch damit beginnen ein wissenschaftliches Herbarium anzulegen. Dazu kleben wir die Blätter einer Pflanze auf weißen Zeichenkarton und beschriften sie mit Namen, Fundort und Datum. Bei den exotischen Blättern können wir auch das Ursprungsland angeben. Die Blätter verstauen wir in einer Mappe oder heften sie in einen Ordner. Im Laufe der Zeit können wir unsere Sammlung mit immer neuen getrockneten Blättern und Pflanzen ergänzen.

Wie kommt man nach Weinheim?
Weinheim ist mit der Bahn aus Richtung Heidelberg, Mannheim oder Darmstadt zu erreichen. Autofahrer kommen am bequemsten über die A 5 oder A 659. Der Parkplatz am Schloßpark liegt über dem Stadtzentrum im Südosten der Stadt und ist mit Rathaus, Schloßpark und Exotenwald ausgeschildert.

Weglänge: ca. 8 km

Schloßpark
Öffnungszeiten: 10.00 – 24.00 Uhr

Eintritt: frei

Exotenwald und Wachenburg sind immer frei zugänglich

Burgruine Windeck

Öffnungszeiten:	April bis September	ab 10.00 Uhr
	Oktobers bis März	ab 14.00 Uhr
	montags geschlossen	

Besteigung des Bergfrieds:

	Erwachsene	DM 0,50
	Kinder	DM 0,30

Schau- und Sichtungsgarten Hermannshof

Öffnungszeiten:	ab Mitte März, September	
	bis Mitte Oktober	10.00 – 18.00 Uhr
	April bis August	10.00 – 19.00 Uhr
	montags geschlossen	
Eintritt:	frei	

Einkehrmöglichkeiten: diverse Möglichkeiten in Weinheim sowie auf beiden Burgen. In der Wachenburg dienstags Ruhetag, montags ab 17.00 Uhr geöffnet.

Kartenempfehlungen:

1 : 50 000	Landesvermessungsamt Baden-Württemberg
	Blatt 30 Naturparkkarte Odenwald Südwest
1 : 50 000	Hessisches Landesvermessungsamt
TF 50-1	Naturpark Bergstraße-Odenwald Nordwest
1 : 25 000	Hessisches Landesvermessungsamt
TK 25 6418	Weinheim

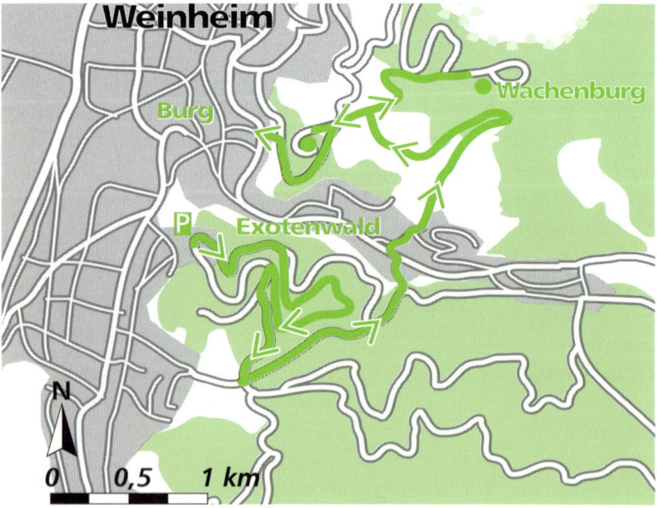

Erkundungen auf dem Heidelberger Heiligenberg

Der Heiligenberg trägt seinen Namen mit vollem Recht: Umfangreiche archäologische Untersuchungen ergaben, daß hier seit Beginn der menschlichen Besiedelung fast ununterbrochen die verschiedensten Götter verehrt wurden. Kelten, Römer und mittelalterliche Mönche bauten hier Tempel und Klosteranlagen. Mit Sicherheit ist dieser Berg ein Ort, der aufgrund seiner besonderen Lage am Ausgang des Neckartals prädestiniert für die Errichtung von Kultplätzen war. Nachdem die letzten Mönche gegen Ende des Mittelalters von ihrem eigenen Glockenturm erschlagen worden waren, trieben sich bald Vagabunden, Dirnen und Schatzgräber in den Ruinen herum. Der Ort geriet in Verruf und wurde lange Zeit mit allerhand Gespenstern, heidnischem Spuk und stürmischem Hexentanz in Verbindung gebracht. Auch wir wurden bei unserem ersten Besuch des Heiligenbergs vor vielen Jahren von einem fast unwirklichen Sommergewitter überrascht, welches uns aus dem Nichts plötzlich mit Sturm und Hagel eindeckte, wie wir es noch nirgendwo sonst erlebt hatten. Vielleicht doch ein besonderer Ort?

Der Ausflug eignet sich gut als Abschluß eines Bummels durch die *Altstadt von Heidelberg.* Wir überqueren die alte *Neckarbrücke* unterhalb der Heiliggeistkirche und gelangen zur „Ziegelhäuser Landstraße". Direkt bei der Fußgängerampel beginnt der „Schlangenweg", welcher uns zwischen efeuberankten Mauern mit vielen Serpentinen aufwärts zum berühmten „Philosophenweg“ führt. Hier wenden wir uns nach links. Bei einem vergrößerten Kupferstich von Merian können wir die Ansicht Heidelbergs um 1620 mit der Gegenwart vergleichen. Am „Liselotte-Platz“ befindet sich ein kleiner Spielplatz und viele Bänke laden in der schönen Parkanlage zu einer ersten Rast ein.

Die Richtung zum Heiligenberg ist hier auf einem Stein angegeben, der Weg führt uns vorbei an einer tollen Wippe zur wuchtigen *Bismarksäule.* Von diesem alten Aussichtsturm bietet sich ein schöner Blick über den Neckar. Im Herbst können wir rund um den Turm viele köstliche Maronen sammeln und zu Hause rösten (Schale kreuzweise einritzen und bei 150° C etwa 25 Minuten im Ofen garen). Wir folgen dem Weg weiter bis zur *Mönchberghütte.* Dort ist der Heiligenberg nach rechts ausgewiesen. Beim Aussichtspavillon biegen wir nach links ab, eine *weiße Raute* führt uns bergan. Schließlich treffen wir auf die Straße, welche wir überqueren und dem „Unteren Klosterweg“ zur *Waldschenke* folgen.

Hier treffen wir auf den *archäologisch-historischen Wanderweg*, welcher als Wegmarkierung den *keltischen Doppelringwall* zum Symbol hat. Diese noch heute im Gelände gut erkennbaren, etwa zwei beziehungsweise drei Kilometer langen Anlagen bestanden einst aus hohen Steinmauern, durch welche gut gesicherte Tore nach innen führten. Sie wurden in der Latène-Zeit um 400 v. Chr. errichtet und schützten eine große Siedlung, von der man bei archäologischen Grabungen mancherlei Spuren freilegen konnte. Neben Keramikscherben und Kultobjekten konnten auch mancherorts Reste von Wohngebäuden gefunden und untersucht werden. Die keltischen Häuser bestanden meist aus in den Boden geschlagenen Pfosten, welche durch ein Astgeflecht mit Lehmverputz verbunden wurden. In der Siedlung waren verschiedene Handwerker ansässig, welche zum Beispiel Geschirr töpferten, Kleidungsstücke webten und Eisen verarbeiteten. Vielleicht lebte sogar ein reicher Keltenfürst auf dem gut geschützten Heiligenberg.

Hinter der Waldschenke biegen wir am dortigen Brunnen nach rechts ab. Wir folgen dem Weg auf dem inneren Ringwall und kommen dabei an der sogenannten *Thingstätte* vorbei, welche zu Beginn des Nationalsozialismus vom Reichsarbeitsdienst erbaut worden ist. In Anlehnung an die germanischen Thingversammlungen wurde hier eine Feierstätte für die arische Blut- und Boden-Mystik geschaffen, also nach bald 400 Jahren der Vergessenheit erneut eine Kultstätte auf dem heiligen Berg errichtet. 20.000 Menschen strömten zur Sonnenwendfeier am 22. Juni des Jahres 1935, als der Bürgermeister von Heidelberg und Reichsminister Goebbels das Bauwerk als „steingewordenen Nationalsozialismus" feierten und einweihten.

Die Anlage hat etwa 8.000 Sitzplätze und wird heute wieder für Open-Air-Konzerte und andere Freilichtveranstaltungen genutzt.

Wir können jetzt einmal die Stufenanzahl der Tribüne schätzen und dann ein Wettrennen nach oben veranstalten. Dabei kommt man ganz schön aus der Puste! Auf dem Weg nach unten müssen wir dann nachzählen, um zu sehen, wer gewonnen hat.

Wir folgen weiter dem *Lehrpfad* und bekommen auf einer Tafel die rekonstruierte Ansicht des befestigten Königshofes gezeigt, welcher sich im frühen Mittelalter an der Stelle des heutigen Klosters befand. Eine Mauer und hölzerne Palisaden schützten mehrere kleine Gebäude und eine erste christliche Kirche, welche anstelle des wohl Wotan geweihten Tempels errichtet worden war. Die Fundamente des steinernen Wohnturms konnten bei Grabungen im Bereich des späteren Klosterkreuzganges nachgewiesen werden.

Nun wenden wir uns nach rechts und umrunden die Nordflanke des Berges. Die nächste Tafel widmet sich bereits dem links von uns liegenden Kloster St. Michael, welches seit dem frühen 10. Jahrhundert von Mönchen der Abtei Lorsch anstelle der ehemaligen Burganlage errichtet wurde, nachdem König Ludwig III. seinen Besitz auf dem Berg im Jahre 882 dem Kloster vermacht hatte.

Ein Pfad zweigt nach links vom Wege ab und führt uns zum Tor der Klosteranlage, welche 1889 restauriert worden ist. Von der weitläufigen Anlage sind bis auf die beiden Türme nur wenig mehr als die Grundmauern erhalten geblieben. Im Mittelalter herrschte hier jedoch ein reges Klosterleben: Siebenmal am Tag trafen sich die Mönche in der kunstvoll ausgestatteten Kirche, um gemeinsam zu singen und zu beten. Der Prior verwaltete die dem Kloster gestifteten Ländereien und gelehrte Mönche fertigten kostbare Handschriften an. Pilger kamen von nah und fern, um Reliquien und Heiligengräber aufzusuchen.

Vom höheren der beiden Türme des ehemaligen Westwerks bietet sich uns ein guter Überblick über die Klosteranlage. Da die Mönche – hier waren es zunächst Benediktiner – nach festen Ordensregeln lebten und bauten, läßt sich noch heute jedem im Grundriß erkennbaren Raum seine einstige Bestimmung zuordnen, wobei es im Laufe der Jahrhunderte natürlich auch zu kleineren Umbauten kam. Manche Informationen konnten auch nur durch archäologische Grabungen gewonnen werden. So steht die Kirche zum Beispiel immer noch genau an dem Platz, welcher schon den alten Kelten heilig war und der später einen römischen Tempel trug, wie Mauerreste unterhalb des heutigen Kirchenbodens beweisen.

Deutlich erkennen wir zu unseren Füßen das Kirchenschiff. Viele Säulen und gemauerte Pfeiler trugen einst das hohe Dach der Halle. Nach Osten schließt sich der Chor mit seiner runden Apsis an, welcher erhöht über einer *Krypta* (siehe Ziffer 1 im nachfolgenden Grundriß) – sozusagen einem Kirchenkeller – errichtet wurde, in den wir von hier hinein schauen können. Vier Säulen trugen einst das niedrige Dach über einem Heiligengrab, welches direkt aus dem Fels geschlagen worden war und vermutlich den Leichnam des mildtätigen Abtes Friedrich von Hirsau barg, welcher hier im Jahre 1070 starb und lange Jahre vom Volk verehrt wurde. Da müssen wir nachher beim Rundgang unbedingt mal hinabklettern.

Hinter dem Chor befand sich der viereckige *Klosterhof* (2), welcher an den anderen Seiten vom sogenannten *Kreuzgang* (3) umgeben war. Er leitete sich aus dem römischen Atrium ab und bildete mit seiner völligen Abgeschiedenheit das spirituelle Zentrum des Klosters, welches für Außenstehende unzugänglich war.

Hinter dem Kreuzgang lagen die wichtigsten Gebäude des Klosters. Wenn wir den Grundmauern im Uhrzeigersinn folgen, so schloß sich hinten links an die Kirche die *Sakristei* (4) an, in welcher die heiligen Gerätschaften für den Gottesdienst aufbewahrt wurden. Zwei weitere, relativ kleine Räume dienten dem Prior des Klosters als *Wohnung* (5).

Der größte Raum des Nordflügels, welcher insgesamt kellerartig im Erdreich liegt, diente zur Aufbewahrung der Vorräte (6). Da die Bauern ihre Abgaben, den Zehnten, früher fast ausschließlich in Naturalien leisteten, wurde auch noch das gesamte Obergeschoß im Norden dafür gebraucht. Hier lagerten dann zum Beispiel Getreide, Wein und Käse, Eier, Honig und Wachs. Der nächste schmale Raum war einst der *Klostereingang* (7), neben dessen Pforte nachts immer eine Lampe brannte, um Wanderern den Weg zu weisen.

In der Ecke des Klosters befand sich früher die *Küche* (8), in welcher an einem großen steinernen Herd auf offenem Feuer die Mahlzeiten zubereitet wurden, welche die Mönche dann schweigend im großen *Speisesaal* (9) daneben einnahmen. Nach der Ordensregel gab es täglich nur zwei Mahlzeiten, wobei die Mönche allerdings jeweils zwischen zwei Gerichten wählen konnten. Fleisch wurde aus religiösen Gründen nicht nur freitags gemieden, Fisch und Geflügel waren jedoch erlaubt. Hinzu kamen noch Brot, Obst und täglich ein guter Schluck Wein.

Der nächste Raum war einst die *Wärmestube* (10) des Klosters, deren Kaminstelle an der Außenwand noch gut zu erkennen ist. Nach Benedikts Ordensregel sollte jedes Kloster nur über einen heizbaren

Ein Grundriß wie aus dem Lehrbuch

Raum verfügen, was für seine italienische Heimat wohl erträglich sein mochte, aber in nördlicheren Ländern auf wenig Verständnis stieß und oft umgangen wurde. Auch in St. Michael konnten noch weitere Feuerstellen nachgewiesen werden. Trotzdem war es mit Sicherheit im Winter ein recht kaltes Leben, da Kirche und Schlafräume nicht heizbar waren. Im nächsten, schmalen Raum befand sich einst ein *Durchgang* (11) nach draußen, um in den Gemüsegarten zu gelangen und den Kamin der Wärmestube zu bedienen.

Die Räume des Südflügels dienten den Mönchen als *Aufenthaltsräume* (12). Hier wurde gearbeitet, diskutiert und geschrieben. Eine Tür führte nach draußen zu den Toiletten. Über den Räumen befand sich der große Schlafsaal, in welchem jeder Mönch seine karge Bettstatt hatte. Erst in der Mitte des 14. Jahrhunderts wurden vom Papst Einzelzellen für die Mönche vorgeschrieben, woraufhin auch dieses Kloster entsprechend umgebaut wurde.

Das letzte Zimmer unseres Rundganges ist der *Kapitelsaal* (13), welcher ursprünglich zum Kreuzgang hin offen war. Hier trafen sich die Mönche bevor man gemeinsam die Kirche betrat, hier wurde täglich aus der Ordensregeln vorgelesen und wichtige Klosterangelegenheiten besprochen. Das Loch im Fußboden führt in einen kleinen Kellerraum, der vielleicht als Gefängnis gedient hat, da die Mönche bei der Bestrafung von Vergehen nicht zimperlich waren: Neben Ermahnungen, Nahrungsentzug und Freiheitsstrafen gab es auch Prügel.

Auch bei anderen Klöstern werden wir immer wieder auf die gleiche Grundform stoßen: An die Kirche schließt sich der Klosterhof mit Kreuzgang an, welcher von Kapitelsaal, Speisesaal, Schlafsaal und Vorratsräumen umgeben ist.

Wir verlassen nun die Klosterruine wieder und gelangen vom Tor aus zum oberen Teil der Thingstätte. Hier können wir die Stufen ein weiteres Mal hinabspringen und wandern dann zum Parkplatz bei der Waldschenke. Ein Abstecher von 50 Metern scharf nach rechts bringt uns zu Resten der inneren Ringmauer, bei denen uns eine Tafel den Aufbau der typischen keltischen „Pfostenschlitzmauer" erklärt. Sie war hier etwa fünf Meter hoch und wurde durch senkrechte Holzpfosten und innenliegende Balkenverstrebungen stabilisiert. Über die Jahrhunderte sind die mächtigen Bauwerke zu bloßen Geröllhalden zusammengesunken.

Anschließend führt uns der Rundweg nach rechts zur nächsten Tafel, welche uns einen stolzen keltischen Häuptling zeigt. Seine Bekleidung und Ausrüstung wurde nach Grabfunden rekonstruiert.

Ganz im Westen der Bergkuppe gelangen wir zum sagenumwobenen *Heidenloch,* welches heute wie ein gewöhnlicher überdachter Brunnenschacht aussieht, früher die Menschen jedoch arg ängstigte und zu wildesten Spekulationen Anlaß gab. Der vermutlich in keltischer Zeit als Kult- und Opferstätte angelegte Schacht wurde später von den Römern zum Brunnen ausgebaut und versorgte im Mittelalter das Stephanskloster mit Wasser. Immer wurde die Herstellung des Schachtes den Heiden, also Kelten, Römern oder Germanen zugeschrieben. Man nahm an, daß einst der Teufel selbst in dem Loch gehaust und den Heiden allerlei böse Tips aus der Tiefe zugeraunt hätte. Auch manch ein Geheimgang soll von hier bis ans Neckarufer geführt haben. Natürlich warten auch große Schatzkisten auf einen mutigen Abenteurer, der allerdings bereit sein müßte, es mit sehr garstigen, schwarzen Hunden aufzunehmen.

Mit dem *Stephanskloster* erreichen wir jetzt die letzte Station unseres geschichtsträchtigen Ausflugs. Ausgetretene Sandsteinstufen einer Wendeltreppe führen uns auf den vor über hundert Jahren aus Steinen des verfallenen Klosters errichteten *Aussichtsturm*, von dem sich uns ein fantastischer Blick über das Neckartal auf Heidelberg, das Schloß und den Königstuhl bietet (siehe Kapitel 20).

Wenn wir unseren Blick dann ein wenig nach links wandern lassen, schauen wir direkt auf die Grundmauern des um das Jahr 1100 aus einer Einsiedelei hervorgegangenen kleinen Klosters, welches wohl nie mehr als zehn Mönche beherbergt haben wird. In der Mitte des 16. Jahrhunderts lebte hier ein Bruder Moritz ganz allein als letzter Mönch auf dem Heiligenberg, nachdem das Kloster St. Michael bereits 1503 eingestürzt war. Den Menschen aus dem Tal, welche hier vorbeiwanderten, war der einsame Mönch in seinem baufälligen Kloster nicht recht geheuer. Sagen berichten von Irrlichtern und unheimlichen Reitern. Obwohl die Gebäude viel kleiner als bei St. Michael sind, können wir doch sofort eine gewisse Ähnlichkeit erkennen. Auch hier schließt an die Kirche ein Innenhof an, der ringsum – ohne Kreuzgang – von Klostergebäuden umgeben war. Bis auf die Sakristei und den anschließenden Kapitelsaal läßt der schlechte Erhaltungszustand der Ruine leider keine genauen Rückschlüsse auf ihre einstige Nutzung mehr zu.

Hinter dem Kloster führt uns der „St. Stephansweg“ abwärts. Bei einem Querweg müssen wir unsere Richtung beibehalten, bei der folgenden Kreuzung wenden wir uns dann nach rechts. An einer Schutzhütte treffen wir wieder auf den „Philosophenweg“. Jetzt sind es nur noch wenige Minuten bis zum Neckarufer.

i

Wie kommt man zum Heiligenberg?

Wer den Aufstieg von über 300 Höhenmetern scheut, kann mit dem Auto auf den Heiligenberg fahren. Der Heiligenberg ist in Heidelberg-Handschuhsheim ausgeschildert. Wir müssen von der B 3 („Dossenheimer Landstraße") in die „Friedensstraße" abbiegen und dann über die „Mühltalstraße" auf den Odenwald zufahren. Nach dem Ort führt die Straße noch etwa 2 km durch den Wald bergauf, bis wir nach der ersten Ruine zu einem großen Parkplatz kommen. Von hier ist es nicht mehr weit bis zur Waldschenke, wo wir uns dem beschriebenen Rundweg anschließen.

Weglänge: von Heidelberg aus ca. 8 km, vom Parkplatz bei der Waldschenke (Heiligenberg) aus ca. 3 km

Einkehrmöglichkeiten: Waldschenke auf dem Heiligenberg (Montag Ruhetag), viele Möglichkeiten in Heidelberg.

Kartenempfehlungen

	Stadtplan von Heidelberg
1 : 25 000	Landesvermessungsamt Baden-Württemberg
TK 25 6518	Heidelberg-Nord

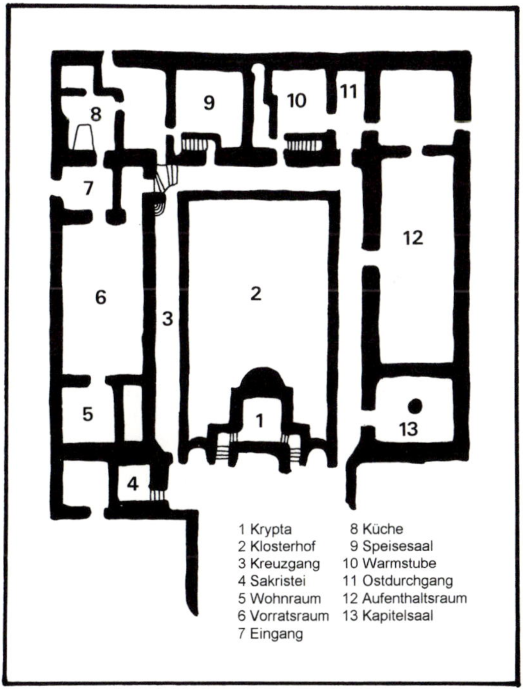

20 Vom Königstuhl in die Alchemistenküche

Rund ums Heidelberger Schloß

Heute können wir es uns einmal bequem machen und für den Aufstieg auf den 568 Meter hohen *Königstuhl* über dem Heidelberger Schloß einfach in die Bahn steigen. Nachdem wir dort den Rundblick vom Aussichtsturm genossen und den Märchenwald durchstreift haben, wandern wir zum weltberühmten Heidelberger Schloß hinab. Die romantische Ruine zieht täglich Scharen von Touristen aus aller Welt an, welche bewundernd vor den malerischen Renaissancebauten des 16. Jahrhunderts stehen. Die prächtige Residenz der Pfalzgrafen wurde 1689 und 1693 von den Truppen des „Sonnenkönigs" Ludwig XIV. im Pfälzer Erbfolgekrieg in Brand gesteckt und teilweise in die Luft gesprengt. Seine im wahrsten Sinne des Wortes größte Attraktion aber ist ein uraltes Weinfaß von gigantischen Ausmaßen, welches ohne weiteres die gesamte Jahresproduktion mehrerer Winzer in sich aufnehmen kann.

Zunächst fahren wir vom *Kornmarkt* mit der schon vor über 100 Jahren gebauten Bahn zur Station *Molkenkur*, wobei die Bahn zumeist in einem Tunnel unter dem Schloßberg hindurchfährt. Dort müssen wir in die 1907 dazugekommene Bergbahn umsteigen, welche nun ohne weiteren Zwischenstop bis auf den Gipfel des Königsstuhls fährt. Dabei muß der Fahrplan immer genau eingehalten werden, da der Gegenverkehr auf der jetzt einspurigen Strecke nur in wenigen Ausweichen passiert werden kann. Die Züge der oberen Bahn bestehen nur aus jeweils einem treppenförmigen Wagen mit mehreren schönen alten Holzkabinen. Langsam rumpelt die von einem schweren Stahlseil gezogene Bahn durch eine gerade Waldschneise bergan, wobei man je nach Hangneigung manchmal etwas schief auf der Bank sitzt.

Oben auf dem **Königstuhl** angekommen wenden wir unsere Schritte nach links, von wo aus wir dann tief ins Neckartal und weit über die Rheinebene blicken können. Noch einige weitere Meter und wir stehen am *Aussichtsturm*, den wir für ein geringes Entgelt betreten können, um dann einen Rundumblick aus 600 Metern Höhe zu genießen.

Schon unten in der Stadt ist das **Märchenparadies** auf dem Königstuhl ausgeschildert gewesen, welches auf fast 50.000 Quadratmetern Waldgelände viele verschiedene Attraktionen für stundenlange Unterhaltung der Kinder bietet. Neben den in zahlreichen Pavillions dargestellten bekannten Märchen wie Schneewittchen oder Rumpelstilzchen, die man mit der kleinen Parkeisenbahn besuchen kann, gibt es hier unter anderem auch die Möglichkeit Auto-Skooter zu fahren, ferngesteuerte Boote um den Leuchtturm zu lenken oder die Herausforderung der „schiefen Welt“ zu bestehen. Ganz sicher wird es nun eine Zeitlang dauern, bis unsere Tour fortgesetzt werden kann.

Für den Abstieg vom Königstuhl folgen wir links neben der Bergbahnstation einem *roten Punkt* abwärts, der uns auf Serpentinen durch den Wald führt. Dabei unterqueren wir einmal die Bahnlinie und gelangen schließlich zur Station Molkenkur, deren komischer Name von einer Gastwirtschaft stammt, die hier früher Milchgetränke ausschenkte. Wir können von hier aus weiter dem *roten Punkt* folgen, oder rechts von der Bahnstation einen steilen Waldpfad abwärts wählen. Schließlich kommen wir in beiden Fällen zu einer Asphaltstraße namens „Molkenkurweg”, welcher wir einige Meter nach links folgen, bevor wir dann nach rechts am Schloßpark entlangwandern. Nach einiger Zeit gelangen wir über einen Treppenturm ins Parkgelände hinab, wo uns ein Teich mit plätschernden Springbrunnen empfängt.

Durch den Park wandern wir nun langsam auf die mächtigen Ruinen des **Heidelberger Schlosses** zu. Um über die alte Brücke und durch den Torturm in den Schlosshof zu gelangen, müssen wir uns zunächst Eintrittskarten besorgen. Der weite Innenhof ist ringsumher von überaus prächtigen Palastbauten umgeben. Im unteren Geschoß des ansonsten bis auf die Fassade zerstörten Ottheinrichsbaus aus der Mitte des 16. Jahrhunderts zur Rechten ist seit den fünfziger Jahren das *Deutsche Apothekenmuseum* untergebracht, dessen überaus interessante Bestände wir uns nicht entgehen lassen sollten. Viele alte Original-Einrichtungen vermitteln in den Palastgewölben anschaulich die geheimnisvolle Atmosphäre, die von den meist aufwendig ausgestatteten Verkaufsräumen der alten Apotheken ausgeht, in denen der gelehrte Apotheker aus Hunderten von Pulvern, Pflanzenteilen und Tinkturen die vom Arzt verordnete Rezeptur zusammenmischte. Überall sehen wir Waagen und Mörser, welche die wichtigsten Geräte des Apothekers waren. Weitere typische Objekte alter Apotheken waren merkwürdige exotische Raritäten wie ausgestopfte Krokodile, getrocknete Fische, Einhörner und Schlangenhäute.

Wie nüchtern und steril wirken dagegen doch die heutigen Apotheken, welche zumeist nur noch vorgefertigte Arzneien verkaufen. Dafür müssen wir allerdings auch keine Mischung aus Fischgräten und Eberzähnen mehr gegen Leibschmerzen oder zerstampfte Hirnschalen gegen Epilepsie einnehmen. Raum 6 zeigt uns die ganze Bandbreite der früher in Apotheken verwandten Stoffe, welche von wirklich nützlichen und noch heute benutzten Kräutern über zer-

Die Ruine des Heidelberger Schlosses

mahlene Giftschlangen bis hin zu ägyptischen Mumien reicht, die damals übrigens so geschätzt waren, das am Nil ernste Lieferprobleme entstanden. Ein Blick in die Kräuterkammer zeigt uns den schlichten Arbeitsraum des Apothekers, in dem es herrlich nach getrockneten Kräutern duftet. Mit am eindrucksvollsten dürfte der Abstieg in den einstigen Apothekerturm des Schlosses sein, welcher als altes Laboratorium mit allerlei Destillieranlagen, Öfen und Schmelztiegeln eingerichtet ist. In verborgenen Räumen wie diesem, der sogar über einen unterirdischen Gang mit der Stadt verbunden ist, waren früher die Alchemisten auf ihrer Suche nach dem Stein der Weisen am Werk oder versuchten aus allerlei wertlosen Dingen für ihre Fürsten Gold herzustellen, was allerdings bis heute nicht gelungen ist.

Auf der anderen Seite des Hofes vor dem Friedrichsbau ist bereits das *Große Faß* ausgeschildert, welches tatsächlich das größte hölzerne Weinfaß der Welt ist. Es wurde im Jahre 1751 aus über 100 Eichen gebaut und faßt mehr als 220 000 Liter. Um es mal wieder zu füllen, bräuchte man also 300.000 Weinflaschen. Doch stellte dies im 18. Jahrhundert nicht etwa den Jahresbedarf des Hofes dar. An guten Tagen wurden leicht 2.000 Liter verbraucht, wobei der Kurfürst mit gutem Beispiel voranging und seinem Tagebuch abends oft nur noch anvertrauen konnte: „Bin wieder voll gewesen.“ Hüter des Weinschatzes war der legendäre Hofnarr Perkeo, der trotz seiner geringen Körpergröße täglich mehr als zehn Flaschen Wein getrunken haben soll und schließlich an einem Glas Wasser verstarb.

Nach einem weiteren Rundgang durch die Ruinen des Schlosses können wir von hier aus in wenigen Minuten Heidelbergs *Altstadt* erreichen, um dort mit einem gemütlichen Stadtbummel den Ausflug zu beenden. Im Gebäude der ehemaligen Hofapotheke gegenüber der Heiliggeistkirche am Marktplatz befindet sich heute übrigens kein altes Inventar mehr, sondern ein bekanntes amerikanisches Schnellrestaurant.

i

Wie kommt man zur Heidelberger Bergbahn?
Die Station Kornmarkt befindet sich am östlichen Ende der großen Heidelberger Fußgängerzone (um die Hauptstraße zwischen Kornmarkt und Schloßberg) und ist ausgeschildert.
Heidelberg selbst ist mit der Bahn aus verschiedenen Richtungen zu erreichen. Autofahrer können über die A 5 beziehungsweise die A 656 anreisen. Zum Parken empfehlen wir eines der zahlreichen gut ausgeschilderten Parkhäuser aufzusuchen.
Weglänge: ca. 4 km

Bergbahn:

Einfache Fahrt	Kornmarkt - Königstuhl		
	Erwachsene	DM	5,20
	Kinder (6 bis 14 Jahren)	DM	3,40
	Hin- und Rückfahrt		
	Erwachsene	DM	7,40
	Kinder	DM	5,30

Aussichtsturm Königsstuhl

Öffnungszeiten:	März bis Oktober	10.00 – 18.00 Uhr
Eintritt:	Erwachsene	DM 2,00
	Schüler	DM 1,50
	Kinder (3 bis 10 Jahre)	DM 1,00
Auskünfte:	Telefon 0 62 21/2 34 16	

Märchenparadies

Öffnungszeiten:	März bis November	10.00 – 18.00 Uhr
	an Sonn- und Feiertagen	bis 19.00 Uhr
	Juli und August	10.00 – 19.00 Uhr
Eintritt:	Erwachsene	DM 5,00
	Kinder (2 bis 12 Jahren)	DM 4,00
Auskünfte:	Telefon 0 62 21/2 34 16	

Schloßhof mit Großem Faß und Apothekenmuseum

Öffnungszeiten:	8.00 – 17.00 Uhr	
Eintritt:	Erwachsene	DM 3,00
	Schüler	DM 1,50
	Schloßführung	
	Erwachsene	DM 4,00
	Schüler	DM 2,00
Auskünfte:	Schloß Heidelberg Telefon 0 62 21/53 84-14	

Einkehrmöglichkeiten: Sowohl auf dem Königsstuhl, im Märchenparadies, als auch im Schloß sowie natürlich in der Stadt selbst sind ausreichend Gaststätten vorhanden.

Besonderes:
Mit der Bergbahn kann man nach wenigen Fahrtminuten das hektische Treiben im Herzen Heidelbergs mit der Waldesstille auf dem Königstuhl vertauschen. Neben dem Besuch der oben erwähnten At-

traktionen kann man von hier aus auch kürzere und längere Waldspaziergänge unternehmen, da das Gebiet mit einem dichten Wegenetz erschlossen ist. Viele Hütten und Bänke laden unterwegs zur Rast ein.

Außerdem ist der Walderlebnispfad sowie der Waldnaturpfad auf dem Königsstuhl zu empfehlen. Hier können Kinder mit ihren Eltern vieles über die einheimische Flora und Fauna erfahren und gleichzeitig auf den zahlreichen Spieleinheiten herrumtollen.

Tip:
Für größere Familien kann sich das Pauschalangebot lohnen, welches die Bahnfahrt, den Aussichtsturm und den Eintritt ins Märchenparadies beinhaltet. Es ist an der Bergbahnstation erhältlich.

Kartenempfehlungen:

	Stadtplan von Heidelberg
1 : 25 000	Landesvermessungsamt Baden-Württemberg
TK 25 6518	Heidelberg-Nord

21 Vier Burgen auf einmal!

Ein Burgenspaziergang in Neckarsteinach

Das Stadtwappen von Neckarsteinach ziert nichts weiter als eine schöne Harfe. Während andere Orte gern Löwen, Adler und wehrhafte Burgzinnen abbilden, besinnt sich die kleine Stadt am Neckar auf ihren wohl berühmtesten Sohn, den Minnesänger Bligger II., welcher in der Manessischen Liederhandschrift bereits die Harfe im Wappen führt. Er lebte zwischen den Jahren 1150 und 1210 und war oft in der Umgebung der Stauferkaiser anzutreffen. Neben seinen politischen Aufgaben als Grundherr und kaiserlichem Gefolgsmann widmete er sich auch mit viel Geschick – wie Zeitgenossen rühmten – der Dichtkunst. Jüngste Forschungen wollen in ihm sogar den bislang unbekannten Dichter des Nibelungenliedes gefunden haben.

Die Herren von Steinach waren im Mittelalter sehr baufreudig, so daß heute vier Burgen im Ort vorhanden sind. Während uns die Wanderung an dreien von ihnen vorbeiführt, ist die sogenannte Vorderburg am besten aus der Ferne zu betrachten. Im Ort selbst sieht man kaum etwas von der versteckt gelegenen Anlage, welche in ihrer langen Geschichte schon oft baufällig war und nach umfangreichen Renovierungsarbeiten erst seit etwa 100 Jahren wieder bewohnt wird.

Vom *Burgenparkplatz* aus führen einige Stufen in den Wald hinauf. Die Serpentinen durch den hohen Laubwald sind mit den *gelben* Wanderzeichen *1, 2* und *3* markiert. Nach einem Aufstieg von nur wenigen Minuten stehen wir bereits vor den Ruinen der **Hinterburg**, unter denen heute ein Eisenbahntunnel hindurchführt.

Die Hinterburg war der Stammsitz der Herren von Steinach und wurde um 1100 errichtet. Nachdem Bligger II. sie noch ausgebaut hatte, starb seine Familie bald darauf aus; die Burg verfiel. Im 14. und 15. Jahrhundert wechselte sie oft den Besitzer, war über Jahre unbewohnt und wurde anschließend wieder instand gesetzt und modernisiert. Heute ist die Ruine im Besitz des Staates.

Beim Portal des inneren Burgtores können wir in der Ferne am steilen Hang schon unser nächstes Wanderziel, die Burg Schadeck, liegen sehen. Zunächst wollen wir jedoch erst einmal diese Anlage erkunden und können dabei sogar über eine Leiter zum hochgelegenen Eingang des mächtigen Bergfrieds klettern. Im stockdunklen Treppenhaus ist eine Taschenlampe von Vorteil, sonst müssen wir uns erst einmal an die Dunkelheit gewöhnen, um nicht auf der engen Treppe zu stolpern. Von oben bietet sich dann ein toller Ausblick auf die Neckarschleife und die gegenüberliegende Bergfeste Dilsberg. Auch die Mittelburg ist von hier aus zu sehen und mit etwas Glück kommt vielleicht gerade ein Zug unter dem alten Geschützturm herausgefahren.

Wir verlassen die Burg wieder an ihrem ehemaligen Eingang und wenden uns dort nach links. Bei der Schutzhütte hinter der Burg folgen wir der *gelben 1* und *3* bergan zum *Professor-Fröhlich-Stein.* Von hier aus geht der Weg zunächst recht eben weiter. Nach etwa 500

Blick von der Hinterburg aufs Schwalbennest

Metern erreichen wir die eindrucksvoll am steilen Hang gelegene **Burg Schadeck**, welche aufgrund ihrer besonderen Lage im Volksmund auch „Schwalbennest" genannt wird. Einst war sie nur über einen steilen Pfad vom Neckar aus zu erreichen und wurde von einem weiteren Sproß der Familie mit dem Namen Bligger – diesmal war es der Fünfte – etwa um das Jahr 1230 erbaut. Sie wurde zum Stammsitz des Familienzweigs mit dem übel klingenden Raubritternamen Landschaden, welcher jedoch von der geographischen Bezeichnung Landscheide herrührt und nichts Negatives über seine Träger aussagt.

Durch den inneren Torbogen gelangen wir aus dem weiträumigen Zwinger in die Kernburg, welche rundum von einer mächtigen Schildmauer umgeben ist. Viele herausragende Balkenstützen deuten die ehemalige Bebauung an, von der nur noch die Ruinen des Palas erhalten sind, welcher von zwei schönen Rundtürmen flankiert wird. Aus beiden Turmzimmern bieten sich weite Blicke auf den Wald und über den Neckar.

Der Sage nach soll sich der berüchtigte Räuberhauptmann Lindenschmidt die Burg zu einem seiner Schlupfwinkel erkoren haben. Von hier aus zog er in die Rheinebene, um Kaufleute auf dem Weg zur Frankfurter Messe auszurauben. Um die Obrigkeit irrezuführen, waren seine Pferde falschherum beschlagen, außerdem galt er als kugelsicher. Nach einem erfüllten Räuberleben wurde er im Jahre 1490 hingerichtet. Merkwürdig an der Geschichte ist nur, daß die heutige Ruine damals noch von den Herren zu Steinach bewohnt wurde.

Wenn wir uns nach dem Verlassen des Haupttores ein paar Schritte nach links wenden, gelangen wir zu einigen unterhalb der Ruine gelegenen Sitzplätzen. Nachdem wir dort gerastet haben, machen wir uns wieder auf den Weg zurück zur Hinterburg. Hier folgen wir dem mit einer *gelben 1* markierten Weg oberhalb der Bahnlinie entlang auf Neckarsteinach zu. Nach einiger Zeit gelangen wir zur **Mittelburg**, welche vermutlich um 1170 von Konrad I., einem Bruder des Minnesängers, erbaut wurde. Die Burganlage wurde mehrfach grundlegend umgebaut, zuletzt um 1830 im neugotischen Stil. Da die Burg noch immer von einer Adelsfamilie bewohnt wird, können wir sie nur von außen betrachten.

Hinter der Burg folgen wir der Straße und unserer *gelben 1* nach rechts. Nach etwa 100 Metern führt uns die „Schloßsteige" nach links auf den Ort zu. An der Hauptstraße wenden wir uns zur Ortsmitte und stehen bald vor dem Rathaus, hinter dem wir links eine Kopfsteingasse zu den zwei gegenüberliegenden Kirchen einschlagen. In der *evangelischen Kirche* von 1483 finden sich einige sehr sehenswerte mittelalterliche Grabplatten, welche lebensgroße Ritter in voller Rüstung zeigen, sämtlich verstorbene Familienmitglieder der Landschaden von Steinach.

Wir folgen der „Kirchenstraße" weiter nach links und wandern dann rechts die „Mühlgasse" hinab. Nachdem wir die Steinach überquert haben und dem Bach nach rechts gefolgt sind, können wir bald über eine kleine Brücke den wiederum auf dem jenseitigen Ufer gelegenen Spielplatz mit vielen Geräten und Rastbänken aufsuchen. Sollte uns hier der Hunger plagen, kann eine Expedition auf die Suche nach einem Bäcker ausgeschickt werden. Das Unternehmen wird mit Sicherheit Erfolg haben.

Wenn wir anschließend der Steinach weiter folgen, sie dann überqueren und uns hinterher links halten, so kommen wir durch enge, verwinkelte Gassen der alten Schifferstadt und stehen schon nach wenigen Minuten am Neckarufer, von wo Ausflugsdampfer nach Hirschhorn, Eberbach und vor allem Heidelberg verkehren. Für Kinder wäre so eine kleine Kreuzfahrt mit Sicherheit die ideale Ergänzung des heutigen Ausflugs.

An der Uferpromenade laden viele Bänke zum Ausruhen, Schiffe beobachten oder Eis essen ein.

Am Ufer entlang wandern wir dann auf die Burg Schadeck und unseren Parkplatz zu, wobei wir nach den Häusern und einigen kleinen Gärten noch an einem weiteren schönen Spielplatz vorbeikommen. Über eine Treppe erreichen wir hier die Hauptstraße direkt gegenüber des *Parkplatzes.*

Wie kommt man nach Neckarsteinach?

Für Bahnreisende liegt Neckarsteinach an der Strecke Heidelberg - Neckarelz. Sie können der Wegbeschreibung am besten von der Uferpromenade aus folgen.

Im Sommer kann man auch mit einem Ausflugsschiff aus Heidelberg anreisen. Die einfache Fahrt dauert etwa 90 Min. und kostet für Erwachsene DM 9,50, Kinder im Alter zwischen 4 und 12 Jahren zahlen DM 6,00.

Neckarsteinach liegt auch an der B 37 (Neckar-Burgenstraße) und ist leicht über Heidelberg zu erreichen. Der Burgenparkplatz befindet sich aus dieser Richtung kommend kurz vor dem Ort auf der linken Straßenseite.

Weglänge: ca. 4 km

Die Ruine der Hinterburg und das Schwalbennest

Die Ruine der Hinterburg und das Schwalbennest (Burg Schadeck) sind ganzjährig frei zugänglich.

Evangelische Pfarrkirche

Öffnungszeiten:	April bis Oktober	11.00 – 17.00 Uhr
	November bis März	11.00 – 15.00 Uhr

Eintritt: frei

Einkehrmöglichkeiten: viele Möglichkeiten in Neckarsteinach

Besonderes:
Die Rhein-Neckar-Fahrgastschiffahrt bietet im Sommer mehrere Bootsausflüge ab Neckarsteinach an. So kann man zum Beispiel nach Eberbach oder Hirschhorn fahren und dabei das idyllische Flußtal mit seinen vielen Burgen an sich vorbeiziehen lassen.

Fahrpreise:	Neckarsteinach – Hirschhorn	
	Erwachsene einfach	DM 8,50
	mit Rückfahrt	DM 14,50
	Kinder (4 bis 12 Jahre) einfach	DM 5,00
	mit Rückfahrt	DM 8,50
	Neckarsteinach – Eberbach	
	Erwachsene einfach	DM 11,50
	mit Rückfahrt	DM 19,50
	Kinder (4 bis 12 Jahre) einfach	DM 8,50
	mit Rückfahrt	DM 11,50

Abfahrtzeiten:	Neckarsteinach – Hirschhorn – Eberbach	
	Dienstag und Donnerstag	11.35 Uhr
	Neckarsteinach – Hirschhorn	
	Dienstag , Donnerstag und Sonntag	11.35 und 13.20 Uhr

Auskünfte:

Rhein-Neckar-Fahrgastschiffahrt GmbH
Untere Neckarstraße 17
69117 Heidelberg
Telefon 0 62 21/2 01 81
Telefax 0 62 21/2 02 11

Rhein-Neckar-Fahrgastschiffahrt GmbH
Am Neckarlauer
69239 Neckarsteinach
Telefon 0 62 29/5 26

Kartenempfehlungen:

1 : 50 000	Landesvermessungsamt Baden-Württemberg
	Blatt 30 Naturpark Odenwald Südwest
1 : 25 000	Landesvermessungsamt Baden-Württemberg
TK 25 6518	Heidelberg-Nord
TK 25 6519	Eberbach

22 Expedition zum erloschenen Vulkan

Von den Eberbacher Burgen auf den Katzenbuckel

Als vor etwa 60 Millionen Jahren die Dinosaurier gerade ausgestorben waren und kleine Urpferde und erste Vögel die damals fast tropischen Wälder unserer Gegend bevölkerten, ereignete sich in der Nähe vom heutigen Eberbach eine große Naturkatastrophe. Wohl hervorgerufen durch den Druck des langsam einbrechenden Oberrheingrabens, barst hier die Erde und ein Vulkan schleuderte große Mengen glühender Magma in die Umgebung. Die heutige Erdoberfläche aus Buntsandstein war zu der damaligen Zeit noch von vielen weiteren Gesteinsschichten mit einer Gesamtstärke von über tausend Metern bedeckt, welche durch die Kraft des Vulkans durchbrochen wurden. Während die weicheren Gesteine dann im Laufe der Jahrmillionen abgetragen wurden, konnte das harte Basaltgestein des Vulkanschlots der Erosion besser widerstehen und bildet heute als „Katzenbuckel" mit 626 Metern den höchsten Berg des Odenwalds. Um zu seinem Gipfel zu gelangen werden wir bei dieser Tour etwa 375 Meter steigen müssen.

Am *Parkplatz über Eberbach* zeigt uns eine Tafel die nähere Umgebung und beschreibt auch den Weg zur Burganlage. Ein Wiesenpfad führt zunächst das Tal hinauf. Am Ende der Wiese übersteigen wir einige alte Mauerreste und folgen dem ausgewiesenen Weg am Waldrand nach links. Durch dichten Wald und Gestrüpp, vorbei an moosbewachsenen Steinen führt uns der Pfad bald immer steiler zur **Burg** hinauf. Ähnlich wie in Neckarsteinach (siehe Kapitel 21) haben wir es hier eigentlich gleich mit mehreren Burgen zu tun, von denen allerdings nur noch unbewohnbare Ruinen erhalten sind.

Eine Tafel klärt uns über ihre weitgehend im Dunkeln liegende Geschichte auf. Danach ist die *Vorderburg* die älteste der drei Bauten und wurde im 12. Jahrhundert vom Wormser Bischof zum Schutz seiner Besitzungen und des Handelsweges nach Amorbach errichtet. Aus dem ehemaligen Hof der Burg bietet sich heute ein weiter Blick ins Neckartal.

Beim Betreten der *Mittelburg* – vor welcher wir bei der Tafel stehen – fallen sofort die beiden romanischen Fenster im Palas auf. Diese Anlage wurde um 1200 begonnen und später von König Heinrich VII. erworben und ausgebaut. Dieser Sohn des Stauferkaisers Friedrich II. war 1211 in Sizilien geboren und schon mit 10 Jahren in Aachen zum deutschen König gekrönt worden. Zwischen Hoftagen, Kriegszügen und Fehden wird er sich wohl des öfteren in dieser Burg aufgehalten haben, gilt er doch als Stadtgründer von Eberbach. Der jugendliche König führte ein recht frohes Leben, umgeben von Minnesängern und Spielleuten, zerstritt sich jedoch in politischen Dingen mit seinem kaiserlichen Vater, der ihn vom Papst bannen und schließlich in Worms verhaften ließ. Seine letzten Lebensjahre verbrachte Heinrich in verschiedenen Kerkern Süditaliens, wo er sich dann im Alter von 30 Jahren das Leben nahm.

Gut erhalten ist auch noch der mächtige *Bergfried* mit seiner hochgelegenen Einstiegstür, von dem früher weite Signale ins Land gegeben werden konnten.

Wenden wir uns dann von der Schautafel bergan, so gelangen wir zu einer *Schutzhütte* mit Feuerstelle. Eine Holzbrücke führt von dort über den Burggraben zur *Hinterburg*, welche als jüngste der drei Burgen ganz unter Heinrich VII. errichtet wurde. Wie wir bei einem raschen Rundgang um die Anlage feststellen können, sind ihre Mauern rundum von einem tiefen Graben umgeben.

Nachdem die Burgen etwa 200 Jahre bewohnt waren, wurden sie noch im Mittelalter von einem ihrer Besitzer – dem Ritter Hans von Hirschhorn – abgerissen, um sich für die Zukunft naher Konkurrenz zu entledigen. Für 500 Jahre waren ihre Reste dann dem Verfall preisgegeben, erst seit Beginn dieses Jahrhunderts wurde die Anlage wieder freigelegt und restauriert.

Von den Burgen führt uns nun ein mit einer *blauen Raute auf weißem Grund* markierter Wanderweg tiefer in den Wald hinein. Wir durchqueren zunächst ausgedehnte Kiefernwälder und folgen bei Wegkreuzungen immer unserem Zeichen. Im Hochsommer blühen am Wegrand viele der schönen, aber giftigen Fingerhüte. Wenn wir nach etwa zwei Kilometern einen kleinen *Weiher* bei einer knorrigen toten Eiche erreicht haben, liegt die ärgste Steigung schon hinter uns.

Auf der Höhe treffen sich fünf Wege, eine gemütliche *Schutzhütte* lädt hier zur Rast ein. Wir haben jetzt eine Höhe von 525 Metern erklommen, bis zum Gipfel müssen wir also nur noch 100 Meter steigen. In den letzten Jahren wurden hier oben viele Bäume gefällt, so daß wir nun von vielen Neuanpflanzungen unterschiedlichen Alters umgeben sind. Zumeist handelt es sich bei den jungen Bäumen um Fichten und Lärchen, zwischen ihnen wachsen noch viele Birken, Ginsterbüsche, Farne und Brombeeren.

Unser markierter Weg führt an der Hütte vorbei. Nach etwa 500 Metern verlassen wir in einem dichteren Waldstück den breiten Wirtschaftsweg und folgen der *blauen Raute auf weißem Grund* nach rechts auf einem schönen Waldweg, welcher bald immer schmaler wird und schließlich recht steil und gewunden den **Katzenbuckel** er-

Der Aussichtsturm auf dem Katzenbuckel

klimmt. Vorbei an einer weiteren *Schutzhütte* führt uns die *blaue Raute* durch das Kreuz und Quer verschiedener Straßen und Wege auf den Gipfel.

Das Gestein des Bergkegels, welches sich hier in großen Mengen am Wegrand auftürmt, besteht nicht wie sonst häufig im Odenwald aus Buntsandstein, sondern aus vulkanischem Basalt, da der gesamte Kegel mit einem Durchmesser von etwa einem Kilometer der Rest des Vulkanschlots ist.

Endlich auf dem höchsten Punkt des Odenwalds angekommen, ist es noch nicht an der Zeit sich auszuruhen: Seit über 150 Jahren steht auf dem Gipfel ein fast 20 Meter hoher steinerner *Aussichtsturm*, dessen steile Wendeltreppe mit ihren fast 100 Stufen heute unsere letzte Herausforderung sein soll. Von oben bietet sich an klaren Tagen ein weiter Blick über die Wälder bis hin zum Taunus oder Spessart. An trüben Tagen kann es dagegen passieren, daß man plötzlich in den Wolken steht. Nebelfetzen ziehen durch die Baumwipfel und gewähren nur für kurze Momente einen Blick auf die tief unten im Tal gelegenen Dörfer, gleich darauf ist wieder alles vom Dunst verhüllt.

Schutzhütten und viele Bänke ermöglichen uns jetzt eine geruhsame Pause, bevor wir den Berg umrunden und dann den Rückweg antreten werden.

Die *blaue Raute auf weißem Grund* führt uns beim Turm auf der anderen Seite einige Treppenstufen hinab und dann recht gerade bis zur Turmschenke. Dort biegen wir nach links ab und finden bald eine Tafel, welche die Geologie des Katzenbuckels erklärt. Vom großen Parkplatz führt links ein kurzer Weg zum *Bergsee.* Auch wenn er hier auf dem alten Vulkan fast wie ein Kratersee wirkt, so ist er doch nicht natürlichen Ursprungs, sondern das Resultat jahrelanger Steinbruchtätigkeit, welche erst 1974 eingestellt worden ist. Der hier abgebaute harte Basalt wurde vorwiegend für den Straßenbau genutzt.

Wir umrunden den Berg weiter auf der zunächst noch asphaltierten Straße und kommen bald zu einer *Skisprungschanze*, welche im Sommer, umgeben von Gras und Blumen, einen recht merkwürdigen Anblick bietet.

Oberhalb der Sprungschanze führt uns der Weg weiter zur *Freyahütte*, bei der wir wieder auf unsere *blaue Raute auf weißem Grund* stoßen, welcher wir nun erneut eine Weile folgen werden. An der *Schutzhütte* bei den fünf Wegen können wir weiter auf dem schon vom Aufstieg bekannten Weg zurückwandern oder aber den zweiten Weg nach rechts durch die Aufforstungen einschlagen. Gegen Ende August finden wir hier Unmengen süßer Brombeeren am Wegesrand. Der Weg schwenkt bald nach links, hier halten wir uns geradeaus auf einem grasbewachsenen Waldweg, welcher lange Zeit an einem Wildzaun entlangführt. Nachdem wir einen befestigten Weg überquert haben, geht es dann steiler bergab. Oft liegen jetzt Äste auf dem Weg, welcher festes Schuhzeug und ein wenig Aufmerksamkeit erfordert. Nach etwa 250 Metern treffen wir auf einen weiteren Querweg, welchem wir nach links folgen. Wir überqueren bald den Hauptweg und folgen dem teilweise tief in den Hang eingegrabenen Waldweg in Serpentinen abwärts. Wieder treffen wir auf einen befestigten Querweg, dem wir erneut nach links folgen müssen. Nach wenigen Schritten wählen wir den zweiten, stärker bergab führenden Weg, welcher uns schließlich zur Wiese oberhalb des *Parkplatzes* bringt.

i

Wie kommt man zum Parkplatz Burg Eberbach?
Der Parkplatz befindet sich hangaufwärts an der L 524, welche von Eberbach östlich nach Oberdielbach führt und ist ausgeschildert. Eberbach ist auch mit der Bahn zu erreichen, ein mit *blauer Raute auf weißem Grund* gekennzeichneter Wanderweg führt vom Bahnhof zu den Burgen.

Weglänge: ca. 10 km

Öffnungszeiten: Die Eberstädter Burgen sind offene Ruinen.

Einkehrmöglichkeiten: diverse Möglichkeiten in Eberbach sowie Turmschenke am Katzenbuckel (dienstags Ruhetag)

Tip:
Unterhalb des Parkplatzes liegt der Holdergrund. Das schöne Tal bietet sich ebenfalls zum Spazierengehen an. Es gibt dort Bäche, Tümpel, Tretbecken und ein Wildgehege.

Kartenempfehlungen:

1: 50 000	Landesvermessungsamt Baden-Württemberg Blatt 30 Odenwald Südwest
1 : 25 000	Landesvermessungsamt Baden-Württemberg
TK 25 6519	Eberbach und TK 25 6520 Waldbrunn

Bei den Ruinen von Ferdinandsdorf

Auf der Landkarte werden wir unser Wanderziel vergeblich suchen. Nur noch wenige Grundmauern sind von dem verlassenen Dorf übriggeblieben und halten die Erinnerung an das Schicksal seiner Bewohner wach. Während aus dem Mittelalter relativ viele solcher „Wüstungen“ bekannt sind – die Dorfbewohner wurden oft von der Pest dahingerafft – gibt es aus jüngerer Zeit nur wenige Beispiele. So wurde Ferdinandsdorf denn auch nicht ein Opfer von Kriegen oder Seuchen, sondern eines der Politik, indem die badische Landesregierung die Ortschaft zum Jahresende 1850 per Gesetzbeschluß einfach auflöste.

Nachdem wir unser Auto im idyllischen *Reisenbacher Grund* geparkt haben, wenden wir uns zunächst wieder zur *Mühle*, an der wir eben vorbeigefahren sind und biegen hier nach links ab. Wir überqueren den munteren, schmalen Bach und folgen der Straße weiter durch den kleinen Ort. Nach drei Häusern geht es in den Wald, eine *rote Raute auf weißem Grund* ist unser Zeichen. Im Tal plätschert der Bach durch die Wiesen, einige Vögel singen, ansonsten hören wir in dieser Abgeschiedenheit keinen Laut.

Bald gelangen wir an ein zwei Meter hohes Wildgatter, welches wir links mit einer Leiter überklettern müssen. Der Wanderweg mit unserem Zeichen geht auf der anderen Seite weiter. Um das Wild nicht zu ängstigen, sollten wir die Wege im Gehege nicht verlassen, Hunde dürfen wir nicht mit hineinnehmen. Auch ist es hier nicht gestattet, die Tiere zu füttern oder anzulocken.

Nach dem Überqueren des Gatters folgen wir dem Wirtschaftsweg nach links in den Wald. Das rote Zeichen führt hier noch weiter links auf einen Pfad, doch werden wir auf diesem Wege erst später zurückkehren. Unser Weg führt nun lange geradeaus durch kühlen und schattigen Fichtenhochwald. Als Markierungen finden sich hier die *blauen Ziffern 1 und 2 auf weißem Grund.* Nach einiger Zeit liegt links am Wegesrand ein tief ausgemauerter Brunnenschacht. Einige Minuten später folgen wir links der Kurve bergan. Der Weg schwenkt bald wieder nach rechts, bei der gleich folgenden Weggabelung halten wir uns weiterhin bergan. Der Weg ist mit der *blauen 1* gekennzeichnet und führt uns mäßig steil bergan, wobei er uns bald weite Blicke auf die bewaldeten Odenwaldhöhen gewährt, der Reisenbacher Grund liegt nun schon etwa 150 Meter unter uns. Bald haben wir den Aufstieg aus dem Tal geschafft und erreichen die Hochfläche, welche recht eindrucksvoll „Winterhauch“ heißt.

Wenn wir im Wald mal eine Strecke leise vor uns hinwandern, dann ist es gut möglich hier am helllichten Tage freilaufenden Wildschwei-

Der Wald ist ins Dorf zurückgekehrt

nen zu begegnen. Diese sind an die Wanderer gewöhnt, nehmen beim Näherkommen jedoch zumeist Reißaus.

Auf der Kuppe des Berges erreichen wir bald das idyllisch von Wiesen und Obstbäumen umgebene *Jagdschloß Max-Wilhelmshöhe* des Markgrafen von Baden, der sich hier gelegentlich mit Gästen zur Jagd aufhält. Neben einer alten Apfelkelter lädt dort ein steinerner

Tisch zur Gipfelrast ein. Hier auf der Höhe befand sich früher **Oberferdinandsdorf**, der eine Teil des verschwundenen Doppeldorfes, von dem allerdings keine Häuserreste mehr vorhanden sind.

Anschließend folgen wir dem Weg, der durch die Wiesen vom Schloß wegführt. Hinter den Koppeln schlagen wir dann den Waldweg nach links ein und erreichen bald lichten Hochwald. Linker Hand sehen wir bald einen riesigen Hochsitz über jungem Baumbestand. Grasbewachsen schlängelt sich der Pfad durch den Wald. Beim ersten Querweg behalten wir unsere Richtung bei und stehen bald an einer Wegspinne. An der sehr stabilen Sitzgruppe, dem *„Steinernen Tisch"*, können wir erneut rasten.

Von hier führt ein ausgeschilderter Weg in den Reisenbacher Grund. Wir treffen wieder auf unser altes Zeichen, die *rote Raute auf weißem Grund.* Große, von der Natur übereinandergestapelte Sandsteinbrocken und -platten bilden das *Felsenhaus,* welches nach kurzer Zeit rechts im Wald liegt. Berühmte Räuber wie Hölzerlips und Schinderhannes sollen sich hier zeitweilig im Wald versteckt und ihre Schätze vergraben haben.

Der markierte Weg führt in weiten Schwüngen zu Tal. Bald nach der ersten scharfen Linkskehre zieht sich ein kleines Felsenmeer den Hang hinauf. Moospolster, Farne und knorriges Wurzelwerk bilden zusammen mit den Steinen eine eigene verwunschene Kleinlandschaft. Auch ohne viel Phantasie kann man sich Orte wie diese als letzten Unterschlupf von Waldwichten, Kobolden und Wurzelkindern denken.

Nach etwa einem Kilometer entdecken wir vor einer Wegkrümmung rechts im Wald die erste Hausruine von **Unterferdinandsdorf**. Die Gründung des Ortes an der Wende vom 17. zum 18. Jahrhundert durch den Grafen Ferdinand von Wieser, welcher damals in Zwingenberg regierte und der Siedlung seinen Namen gab, war als Wirtschaftshilfe für die Bevölkerung gedacht. Nach dem 30jährigen Krieg waren viele Gemeinden in materielle Not geraten und kaum noch in der Lage ihre besitzlosen Dorfarmen zu versorgen. Oft mußte der Graf selbst für ihren Unterhalt aufkommen. Um sich selbst und die leeren Dorfkassen zu entlasten und langfristig sogar neue Steuerzahler zu erhalten, wies er so einigen armen Familien der umliegenden Dörfer ungenutztes Waldland zum Roden und Siedeln zu. Nach 100 Jahren hatte Ferdinandsdorf schon knapp 300 Einwohner, von denen viele als Tagelöhner in den Nachbarorten arbeiteten. Es handelte sich damals fast um einen normalen Ort mit Bürgermeister, Gemeinderat und Schulmeister. Nur war er sehr arm, da die Lage schlecht und die Böden knapp bemessen waren. Auch verfügte die Gemeinde über keinen eigenen Wald zur Brennholznutzung.

Die nach typischer Odenwälder Art errichteten Häuser bestanden meist aus einem gemauerten Keller- und Stallgeschoß mit darüberliegendem Wohnbereich aus Fachwerk. Die Dächer waren zu dieser Zeit mit Stroh gedeckt. Ober- und unterhalb der alten Dorfstraße hatten die Einwohner dem Wald Äcker und Wiesen abgerungen. Die Steine wurden abgesammelt und zu langen Haufen am Feldrand gestapelt, wo wir sie heute noch liegen sehen können.

Die Kosten der napoleonischen Kriege für Beherbergung und Verpflegung der Truppen waren von den Ferdinandsdorfern kaum zu bezahlen, Mißernten und Krisen ließen die Gemeinde immer mehr verarmen. Ein besonders jämmerliches Dasein fristete der Schulmeister: Bevor er 1836 das Haus eines fortgezogenen Bauern beziehen konnte, zog er mit seiner Familie in jährlichem Wechsel von einem Haus zum anderen, wo er dann in der Stube des Bauern wohnen und unterrichten mußte. Sein Bett stand oft in einer Dachkammer oder gar im Stall. Als es mit dem Ort immer weiter bergab ging, mußte der Unterricht häufig ausfallen, da die Gemeinde kein Geld mehr fürs Feuerholz hatte.

Jährlich mußte der Ort mit vielen hundert Gulden von der Regierung unterstützt werden, weshalb man sich 1850 zu einer radikalen Maßnahme entschloß: Der Staat kaufte den Ferdinandsdorfern Haus, Hof und Land ab und bezahlte für sie die Überfahrt nach Amerika, wo jeder noch ein kleines Startkapital bekam. Zuvor wurden die Ferdinandsdorfer anderen Gemeinden im Tausch gegen noch unerwünschtere Einwohner angeboten.

Die Häuser wurden abgebrochen und die Felder wieder aufgeforstet. So war man nach nur 150 Jahren den ganzen Ort samt seinen ärmlichen Einwohnern wieder losgeworden. Schon nach einiger Zeit trafen zufriedene Briefe und sogar Geldsendungen in der Heimat ein, während im verlassenen Dorf langsam der Wald über die Ruinen wuchs.

Hier drehen wir um und suchen nun links des Weges einen Trampelpfad, welcher uns mit *roter Raute auf weißem Grund* bergab zum Ausgang des Geheges und von dort nach *Reisenbach* führt. Im Wald verläuft der Weg streckenweise noch auf der alten Dorfstraße von Ferdinandsdorf.

Wie kommt man zum Reisenbacher Grund?
Der Reisenbacher Grund liegt an der K 3921 etwa auf halber Strecke zwischen Eberbach und Mudau. Wenn wir geradeaus durch den kleinen Ort fahren, können wir vor dem Umspannhäuschen parken.

Weglänge: ca. 8 km

Einkehrmöglichkeiten: Waldgaststätte im Reisenbacher Grund (montags Ruhetag).

i

Kartenempfehlungen:

1 : 50 000	Landesvermessungsamt Baden-Württemberg Blatt 30 Naturpark Odenwald Südwest
1 : 25 000	Landesvermessungsamt Baden-Württemberg
TK 25 6520	Waldbrunn

... ist die Eberstadter Tropfsteinhöhle bei Buchen

Als sich im Winter 1971 der Staub nach einer Routinesprengung im Eberstadter Steinbruch wieder gelegt hatte, klaffte in der Felswand über dem Geröll ein großer Spalt. Noch in der ersten Nacht erkundeten Eberstädter Bürger mit Taschenlampen ausgerüstet den Felsspalt und standen nach vielen mühsamen Metern durch unwegsamen Matsch fasziniert vor glänzenden Gebilden von einzigartiger Schönheit: Durch puren Zufall war so eine der größten Tropfsteinhöhlen Deutschlands entdeckt worden!

Wenige Tage später wurde glücklicherweise die Erhaltung der Höhle beschlossen, womit die Steinbrucharbeiten im Bereich der Höhle eingestellt werden mußten. Eifrig machten sich die Eberstädter nun an den Ausbau der Höhle, so daß wir heute die 600 Meter in den Berg hinein auf einem bequem gepflasterten Pfad zurücklegen können. Ein Jahr später wurde die Tropfsteinhöhle dann als Naturdenkmal unter besonderen Schutz gestellt.

Vom *Parkplatz am See* aus sollten wir uns zunächst einmal zum Kiosk am Eingang der **Höhle** begeben und nach dem Beginn der nächsten Führung erkundigen. Je nach dem, wieviel Zeit uns jetzt bleibt, gehen wir nur ein wenig an den See, oder erkunden den *geologischen Lehrpfad* oberhalb des Parkplatzes, für den wir aber mindesten eine halbe Stunde rechnen müssen.

Wir erfahren hier, daß die Gesteinsschicht des Muschelkalks, in welchem sich die Höhle befindet und welcher hier in der Gegend das vorherrschende Erdoberflächengestein darstellt, vor über 200 Millionen Jahren entstanden ist. Wie der Name schon sagt, besteht er aus Kalk und enthält unzählige Versteinerungen von Muscheln und anderen Meerestieren. Damals war diese Gegend nämlich von einem großen Meer bedeckt. Auch über dem Buntsandstein des Odenwalds lag früher eine Muschelkalkschicht, welche jedoch in Jahrmillionen abgetragen worden ist. In der stillgelegten Steinbruchwand an der Höhle sind die verschiedenen Gesteinsschichten sehr gut zu erkennen. Auch die besondere Tier- und Pflanzenwelt der trockenen Felsspalten und kleinen Höhlen wird uns vorgestellt. Von ganz oben bietet sich uns ein interessanter Blick auf den noch immer in Betrieb befindlichen Steinbruch. Ständig kommen leere LKWs herangefahren und rumpeln schwer beladen wieder davon. Das aus der Wand gesprengte Gestein wird in der Brecheranlage zerkleinert und dann je nach Größe in unterschiedlichen Silos gelagert. Wenn gesprengt werden soll, ertönen laute Hornsignale. Bei einem langen Ton soll man in Deckung gehen, zwei kurze Töne markieren die Zündung und

Sprengung, während schließlich drei kurze Töne das Ende der Sprengarbeiten anzeigen.

Jetzt wollen wir aber doch endlich mal einen Blick ins Erdinnere werfen und kehren zur Führung an den *Höhleneingang* zurück. Nachdem uns eine Tonbandansprache einiges Wissenswerte über die Höhle vermittelt hat, folgen wir unserem Führer in den Berg hinein. Im Sommer wird uns die Temperatur in der Höhle sicher angenehm kühl vorkommen, während man an manchen Herbsttagen und im Winter erfreut über die wohlige Wärme ist: Das ganze Jahr über herrscht in der Höhle nämlich von Natur aus die gleiche Temperatur von etwa 11 Grad Celsius.

Eine Zeitlang hat der Felsspalt, in dem es am Anfang noch keine Tropfsteine zu sehen gibt, eine ganz gerade Decke, wie aus Beton geschüttet. Es ist dies die auch auf dem geologischen Lehrpfad zu sehende Schaumkalkbank, welche durch ihre hohe Wiederstandsfähigkeit wichtig für Bildung und Stabilität der Höhle ist.

Wir folgen dem Führer durch den langen gewundenen Gang der Höhle von Raum zu Raum, wobei er uns auf die Besonderheiten am Wege aufmerksam macht. Bald stehen wir vor der „Weißen Frau von Eberstadt", welche früher im Schloß umgegangen sein soll, sehen „Elefantenrüssel" und Bündel von „Tabakblättern" von der Decke herab baumeln, während die „Großfamilie" sich vom plötzlichen Besucherandrang nicht aus der Ruhe bringen läßt. Tausende von kleinen Stalaktiten wachsen von der Decke herab und werden irgendwann auf die mächtigen Stalagmiten stoßen, welche ihnen von unten langsam entgegenkommen. Die größten dieser Tropfsteine befinden sich hinter dem verwunschenen Höhlensee, wobei die sogenannte „Hochzeitstorte" von Experten als eines der schönsten Exemplare Europas bezeichnet wird.

Schließlich erreichen wir nach etwa 600 Metern das Ende des begehbaren Teils der Höhle. Die Decke wird hier immer niedriger, der Boden ist noch wie 1971 mit Matsch bedeckt. Vielleicht führt der Spalt noch viele Meter weiter in den Berg hinein und erweitert sich gar wieder zu großen Räumen. Bislang ist jedoch noch niemand weiter vorgedrungen, so daß ab hier das Reich des legendären Höhlenbären beginnt, der vielleicht dort tief im Berg darauf wartet, daß die Besucher wieder gegangen sind.

Auf dem Rückweg können wir uns die schönsten Tropfsteingebilde noch einmal in Ruhe ansehen, wobei wir neben den spektakulären Objekten auch den kleineren, unscheinbaren Gebilden einen Blick gönnen sollten. Auch sie haben ihren Reiz und können unsere Phantasie beflügeln. Was würden wir den Tropfsteinen für Namen geben?

In der Tropfsteinhöhle

Anschließend können wir im gegenüberliegenden Wald noch eine kleine Wanderung machen, wobei uns ein *Naturlehrpfad* manch Wissenswertes über den Wald und seine Bewohner verrät. Beim Parkplatz des über der Höhle befindlichen Sanatoriums führt ein Weg durch die Felder auf den Wald zu. Im Wald beginnt dann der Lehrpfad, wobei wir uns auf dem Weg nach rechts halten müssen. Zunächst erfahren wir einiges über den Wald und seine Nutzung, anschließend werden uns auf großen Tafeln einzelne Baumarten vorgestellt. Wußtet ihr zum Beispiel, daß die knorrige Eiche meist im Alter von etwa 200 Jahren gefällt wird? Zerreibt auch einmal die Nadeln der nordamerikanischen Douglasie zwischen den Fingern, die tatsächlich nach Apfelsinen duften. Da die Bäume jedoch viel zu hoch sind, müßt ihr auf dem Boden nach herabgefallenen Zweigen Ausschau halten. Nachdem uns auch die Birke erklärt wurde, führt der Weg nach rechts bergab. Bei einer kleinen Schutzhütte am Ende des Weges halten wir uns erneut nach rechts, und lesen bald vom Dachs, welcher in großen Höhlensystemen lebt und ein Allesfresser ist. Noch ein weiteres Mal müssen wir uns nach rechts wenden und treffen so bald wieder auf den Anfang des Lehrpfades und kehren nun zum *Parkplatz an der Höhle* zurück.

i

Wie kommt man zur Eberstadter Tropfsteinhöhle?
Eberstadt ist ein Teil der Gemeinde Buchen und leicht über die B 27 zu erreichen. Die Tropfsteinhöhle ist gut ausgeschildert.

Weglänge: ca. 5 km (mit den beiden Lehrpfaden)

Öffnungszeiten:	1. März bis 31. Oktober täglich	10.00 – 16.00 Uhr
	1. November bis 28. Februar an Wochenenden und Feiertagen	13.00 – 16.00 Uhr

Eintritt:	Erwachsene	DM 4,50
	Jugendliche	DM 2,50
	Kinder bis zu 5 Jahren frei	
	Gruppen ab 20 Personen	DM 4,00

Besichtigung der Höhle nur mit einem Führer, Beginn meist zur vollen Stunde.

Auskünfte:
Verkehrsamt Buchen
Platz am Bild
74722 Buchen
Telefon 0 62 81/27 80
Telefax 0 62 81/27 32
oder
Kiosk an der Tropfsteinhöhle
Telefon 0 62 92/5 78
Telefax 0 62 92/2 25

Einkehrmöglichkeiten: viele Möglichkeiten im nahegelegenen Buchen

Kartenempfehlungen:

1 : 50 000	Landesvermessungsamt Baden-Württemberg Blatt 31 Naturpark Odenwald Südost
1 : 25 000	Landesvermessungsamt Baden-Württemberg
TK 25 6522	Adelsheim

Wanderungen bei Neckargerach

Zwei außerhalb des Ortes gelegene Wanderziele führen uns heute nach Neckargerach: Da wäre zum einen die einsam im Wald gelegene Ruine der Minneburg – eine der gewaltigsten Burganlagen im Neckartal – und zum anderen die geologisch bedeutsame Margaretenschlucht.

Die Minneburg stammt, wie so viele andere Odenwälder Burgen auch, aus der Stauferzeit und wurde etwa um das Jahr 1250 errichtet. Damals war die Anlage allerdings noch bedeutend kleiner als heute, nur die eigentliche Kernburg mit dem hohen Bergfried und den Wohn- und Wirtschaftsgebäuden stammt aus dieser Zeit. Da auch an so einem stattlichen Adelssitz der Zahn der Zeit nagt, war sie nach über 250 Jahren langsam ein wenig baufällig geworden. In diesem Zustand erwarb der kurpfälzische Marschall Wilhelm von Habern die Burg und baute sie zu einem vornehmen Herrensitz aus. Aus dieser Zeit des Umbaus ab etwa 1520 stammen auch die mächtigen Befestigungsanlagen mit den großen Rundtürmen sowie die unterhalb der Kernburg gelegenen Wirtschaftsgebäude der Vorburg. An der neuen Pracht des aufwendig renovierten Anwesens konnten sich die Bewohner allerdings nur bis zum 30jährigen Krieg erfreuen, da die wehrhafte Anlage schon 1622 nach nur kurzer Belagerung übergeben werden mußte und anschließend noch mehrmals die Seiten wechselte. Dabei wurde die Burg offenbar so stark beschädigt, daß man nach dem Krieg mit ihrem Abbruch begann. Obwohl erst vor 100 Jahren mit Restaurierungsarbeiten begonnen wurde, sind noch erstaunlich viele Überreste der imposanten Anlage erhalten.

Vom *Parkplatz bei Eisenbusch* begeben wir uns zunächst auf den Spielplatz, von wo sich uns ein weiter Blick ins tiefe und steile Neckartal bietet. Der Fluß liegt hier etwa 150 Meter unter uns! Die Rastbänke, Spielgeräte und Grillmöglichkeiten sollten wir jedoch erst nach der Tour ausgiebig nutzen, da wir erstmal noch einiges vor uns haben.

So folgen wir jetzt einem Waldpfad vom Ende des Spielplatzes durch hohen Buchenwald bergab. Bei der ersten Gabelung folgen wir dem linken Pfad und überqueren bald in einer Kehre die Hauptstraße. Gleich links hinter dem Schotterweg führt uns dann ein Wiesenpfad über Streuobstwiesen abwärts, bis wir auf die ersten Häuser von *Neckargerach* stoßen und der Straße „Gickelfelsen“ in den Ort folgen. An der nächsten Querstraße halten wir uns rechts und gelangen so immer weiter in den Ort hinein. Bei der großen Kreuzung befindet sich wieder ein toller Spielplatz, so daß wir hier wohl eine kurze Rast einlegen sollten. Anschließend folgen wir dem Weg davor nach links zum Bahnhof. Eine Fußgängerbrücke führt uns über die Gleise zum „Gasthaus zur Eisenbahn". Wir wandern daran vorbei und folgen der „Friedhofstraße" auf die Kirche zu. Auf dem Berg vor uns können wir schon deutlich die Ruinen der Minneburg erkennen, noch liegt allerdings der Neckar dazwischen. Ein *roter Punkt* weist uns dann nach links über einen Fußweg auf die große Neckarbrücke zu, von der aus wir den langen Frachtkähnen zuwinken können. In so einem großen Schiff mit über 1000 PS starken Motoren kann die Ladung eines ganzen langen Güterzuges untergebracht und mit viel geringerem Kraftaufwand fortbewegt werden.

Am anderen Neckarufer folgen wir weiter dem *roten Punkt*, welcher uns bald nach rechts durch die wenigen Häuser und Höfe der ehemaligen *Minneburger Ziegelei* bergan in das ruhige und idyllische Tal zwischen Schloßberg und Mittelberg führt. Nach wenigen hundert Metern wendet sich der *rote Punkt* nach rechts auf den Wald zu. Der Weg ist von Obst- und Nußbäumen gesäumt, die sanfte Talsohle wird ackerbaulich genutzt.

Ein Blick auf die Karte zeigt besonders deutlich, daß wir soeben eine Wanderung auf dem alten Grund des Neckars gemacht haben! Ursprünglich floß er in einer weiten, tief und sanft ausgewaschenen Schleife um den länglichen Mittelberg herum, bis er vor cirka einer Million Jahren den Berghang bei Guttenbach durchbrach und seinen Lauf damit um etwa sieben Kilometer verkürzte. In der alten Flußschleife wird noch viele 1000 Jahre lang das Wasser gestanden haben, bis der Neckar sich so tief in sein neues Bett eingeschnitten hatte, daß das Tal langsam austrocknete und heute etliche Meter höher als der Fluß liegt.

Durch dunklen Laubwald mit efeubewachsenem Boden und hohen Farnwedeln erklimmen wir jetzt den kurzen Aufstieg zur **Minneburg**. Wir folgen dem *roten Punkt* links an der äußeren Burgmauer entlang und sehen über uns den berühmten dreistöckigen Erker aufs Tal blicken. Während unser Wanderzeichen nun wieder in den Wald führt, gehen wir im künstlich angelegten Halsgraben der Burg weiter, über den früher auf hohen Pfeilern eine Wasserleitung vom Berg führte. Wir biegen um einen der mächtigen Rundtürme und gelangen durch ein kleines Schlupfloch von hinten in die Vorburg. Hier gibt es Sitzplätze, eine Feuerstelle und ein altes Kellergewölbe, bei dem es sich wieder mal als vorteilhaft erweist, immer eine kleine Taschenlampe oder Kerze für unverhoffte Erkundungen dabeizuhaben.

Beim schönen Haupttor der Burg führt rechts ein gepflasterter Weg zur Kernburg hinauf. Während man im alten Bergfried stehend nur in die Höhe schauen kann, führt im Palas eine Wendeltreppe bis in den zweiten Stock. Die Wirtschaftsräume des alten Küchentraktes sind nur noch offene Ruinen, doch in den großen Sälen des Palas kann man sich noch gut den adligen Prunk des 16. Jahrhunderts ausmalen. Wir können die gesamte Kernburg im inneren Burggraben umrunden und dabei auch einen Blick in die zur Burg hin offenen Rundtürme werfen. Deutlich kann man die steinernen Auflagen für die früher vorhandenen Geschoßböden erkennen. Nach der Besichtigung verlassen wir die Burg wieder durch die gleiche kleine Pforte in der Vorburg und gehen dann beim Eckturm den schmalen Waldpfad hinab.

Beim folgenden Querweg müssen wir den steilsten Abstieg wählen und sind schon bald an einem Parkplatz am Neckar angelangt. Dort folgen wir der asphaltierten Straße nach rechts und kommen nach einiger Zeit an sehr steil aufragenden Sandsteinwänden vorbei. Ungefähr auf Höhe der Kirche von Neckargerach kann man linker Hand zum befestigten Neckarufer hinabsteigen und dort ein wenig planschen oder die Füße kühlen. Allerdings lebt im Neckar der Hakenmann, ein recht unansehnlicher Wassergeist, der es besonders auf Schwimmer, Schiffer und Kinder abgesehen hat, welche er mit seinem langen Bootshaken zu sich in die Tiefe holt. Um diese personifizierte Naturgewalt des Flusses zu besänftigen wurden ihm früher vielerlei Opfer wie Geld, ein Stück der Ladung oder auch Brot dargebracht.

Der Weg führt uns wieder auf die Straße zurück und nach einer kurzen Strecke können wir auf der großen Brücke wieder zum anderen Neckarufer zurückkehren. Im Ort gelangen wir durch die „Grabenstraße", der dann nach links folgenden „Ostendstraße" sowie der von ihr abzweigenden „Querstraße" wieder zum *Bahnhof*, um hier erneut die Gleise zu überqueren. Auf der anderen Seite schickt uns bereits ein Wegweiser nach rechts zur Margaretenschlucht. Wir folgen einem *roten R* zwischen Bahngleisen und Gärten aus Neckargerach hinaus.

Schon bald wandern wir wieder hoch über dem Neckar. Vom Bahnhof aus sind es etwa zwei Kilometer bis zum Eingang der Schlucht, an welcher sich auch einige Rastbänke und ein Grillplatz befinden. Die hier beginnende **Margaretenschlucht** wurde aufgrund ihrer besonderen Natur schon 1940 unter Schutz gestellt, weshalb wir keine Pflanzen beschädigen oder Tiere stören dürfen. Auch sollten wir den Weg nicht verlassen, was wirklich nicht ratsam wäre, da der steile Aufstieg in der Schlucht oft schon mit Weg und Stahlseilen schwierig genug ist. Die Kinder sollten für diese Kletterpartie mindestens im ersten Schulalter sein. Durch efeuberankte Felsflanken plätschert der Flursbach in Kaskaden zu Tal, wobei er ab und zu kleinere Tümpel füllt und natürlich besonders zur Zeit der Schneeschmelze eine gewisse Größe erreicht. Beim Aufstieg müssen wir etwa 100 Höhenmeter überwinden und queren dabei mehrmals den Grund

In der Margaretenschlucht

der Schlucht. Die gesicherten Serpentinen – teils unter niedrigen Klippen hindurchführend – erinnern oft an einen Saumpfad im steilen und zerklüfteten Hochgebirge.

Am Ausgang der Schlucht treffen wir bei den Aussiedlerhöfen *Eisenbusch* auf einen asphaltierten Weg, auf welchem es keine 500 Meter mehr bis zum linker Hand gelegenen *Parkplatz* sind.

Wie kommt man zum Parkplatz bei Eisenbusch?
Der Parkplatz liegt an der L 527 zwischen Neckargerach und Reichenbuch an der Abzweigung nach Eisenbusch. Neckargerach ist gut über die B 37 ("Neckar-Burgenstraße") zu erreichen.
Wer Neckargerach mit der Bahn aus Richtung Heidelberg oder Heilbronn besucht, kann der Tour gut vom Bahnhof aus folgen.

Weglänge: ca. 8 km

Öffnungszeiten: Die Minneburg ist eine offene Ruine

Einkehrmöglichkeiten: mehrere Möglichkeiten in Neckargerach, u. a. „Gasthaus zur Eisenbahn" (montags Ruhetag).

Tip:
Diese Wanderung führt uns an drei potentiellen Grillplätzen vorbei. Vielleicht mag ja jemand ein wenig Holzkohle und einige Würstchen in seinen Rucksack tun.

Kartenempfehlungen:
1 : 50 000 Landesvermessungsamt Baden-Württemberg
Blatt 30 Naturpark Odenwald Südwest
1: 25 000 Landesvermessungsamt Baden-Württemberg
TK 25 6520 Waldbrunn und TK 25 6620 Mosbach

Ratschläge zur Gestaltung eines schönen Wandertages

Folgende Ausflüge sind auch für schlechteres Wetter geeignet, da hier größere Museen zu besichtigen sind und der Wandervorschlag bei Regen einfach ausfallen kann. In der Tropfsteinhöhle ist das Wetter draußen sowieso egal.

Kapitel 3: Ein Regentag für die Weltgeschichte
Kapitel 8: Bürgerstolz und ein entführter Graf
Kapitel 11: Fachwerkpracht und Keltenwall
Kapitel 12: In der 1000jährigen Klosterstadt
Kapitel 13: Ein Ausflug in Urgroßmutters Kindheit
Kapitel 24: Ein langer Spalt im tiefen Fels

Weglängen

Im folgenden werden die Kapitel nach der Länge der Wanderung aufgelistet. Bei zwei Nennungen sind im betreffenden Kapitel unterschiedlich lange Touren beschrieben.

Kurze Wanderungen (bis zu 4 Kilometer):
Kapitel 2: Der Spott des Breileckers
Kapitel 3: Ein Regentag für die Weltgeschichte
Kapitel 6: Gesundbrunnen, Schätze und Verliese
Kapitel 9: Wildschweinfütterung im Gräflichen Park
Kapitel 13: Ein Ausflug in Urgroßmutters Kindheit
Kapitel 19: Heiden, Mönche und „Germanen"
Kapitel 20: Vom Königstuhl in die Alchemistenküche
Kapitel 21: Vier Burgen auf einmal!

Mittlere Wanderungen (5 bis 7 Kilometer):
Kapitel 3: Ein Regentag für die Weltgeschichte
Kapitel 4: Kletterspaß im Meer aus Stein
Kapitel 5: Von wilder Jagd und wilden Weibchen
Kapitel 6: Gesundbrunnen, Schätze und Verliese
Kapitel 8: Bürgerstolz und ein entführter Graf
Kapitel 10: An der Grenze des römischen Reichs
Kapitel 11: Fachwerkpracht und Keltenwall
Kapitel 12: In der 1000jährigen Klosterstadt
Kapitel 18: Wie aus einer anderen Welt
Kapitel 24: Ein langer Spalt im tiefen Fels

Längere Wanderungen (über 7 Kilometer):
Kapitel 1: Eine weiße Rübe und Manschettenbauern
Kapitel 7: Wer kennt Guanakos oder Mähnenspringer?
Kapitel 11: Fachwerkpracht und Keltenwall
Kapitel 14: Die Gralsburg im dunklen Tann
Kapitel 15: Segelspaß und Badefreuden
Kapitel 16: In den Jagdgründen der Nibelungen
Kapitel 17: Wo sich Fuchs und Hase Gutenacht sagen
Kapitel 19: Heiden, Mönche und „Germanen"
Kapitel 22: Expedition zum erloschenen Vulkan
Kapitel 23: Zum ärmsten Ort im Odenwald
Kapitel 25 Über die Minneburg zur Margaretenschlucht

Tips zu Ausrüstung und Verpflegung
Zur leichteren Orientierung im Gelände sind den meisten Wanderungen Kartenskizzen im Maßstab 1 : 10 000 beigefügt, welche für die jeweilige Tour eigentlich ausreichend sind. Einen guten Überblick ermöglichen auch die an vielen Parkplätzen anzutreffenden Wandertafeln, welche nur den Nachteil haben, daß man sie beim Wandern nicht dabei hat.
Wer sich jedoch großräumiger im Gelände orientieren will, oder auch von der vorgeschlagenen Route abweichen möchte, der sollte sich mit einer Wanderkarte ausrüsten, wozu jedem Kapitel die entsprechenden Empfehlungen beigefügt wurden.
Der Odenwald wird von vier Karten im Maßstab 1 : 50 000 abgedeckt, welche zum Preis von je etwa DM 13,00 im Buchhandel oder bei den staatlichen Vermessungsämtern erhältlich sind. Die vorgeschlagenen Naturparkkarten verzeichnen neben Freizeit- und Erholungseinrichtungen auch Wanderwege, Parkplätze und Sehenswürdigkeiten. Noch idealer sind die topographischen Karten im Maßstab 1 : 25 000 zum Wandern geeignet, bei denen 1 Kilometer in der Natur 4 Zentimetern auf der Karte entspricht. Bei diesem Maßstab können Geländeformen, Gewässer, Straßen und Wege natürlich noch viel genauer wiedergegeben werden, allerdings benötigt man mehr als 15 dieser Karten zur kompletten Abdeckung des Wandergebiets. Sie sind für die Bundesländer Hessen und Baden-Württemberg nur als 4-farbige Normalausgaben lieferbar, Bayern bietet dagegen auch Ausgaben mit eingezeichneten Wanderwegen an. Die Karten kosten jeweils etwa DM 10,00.

Bei gutem Wetter ist ein kleines Picknick während der Wanderung eine willkommene Stärkung und Abwechslung. Oft finden sich unterwegs Bänke und Sitzgruppen, im Sommer können aber auch Baumstämme oder eine Decke im Gras gute Dienste leisten. Wenn man die Verpflegung im Rucksack tragen will, sollten die Getränke möglichst nicht in schweren Glasflaschen transportiert werden. Neben kräftigen, belegten Broten und Obst eignen sich auch gut Müslis oder gehaltvolle Nudel- und Kartoffelsalate als Wegzehrung. An heißen Tagen sollte man die Lebensmittel am besten in einer Kühlbox aufbewahren, der Picknickkorb sollte zumindest mit einer Decke oder Kleidungsstücken vor der Wärme geschützt werden. An kühleren Tagen im Herbst sollte man sich unterwegs aufwärmen können, also entweder eine Thermoskanne mit heißem Tee dabei haben oder ganz zünftig mit dem Campingkocher für eine Stärkung sorgen. An der frischen Luft entwickeln Kinder oft ungeahnten Appetit, also nicht sparsam mit dem Essen sein!

Die Wege sind zumeist in einem guten Zustand, ein solides und festes Schuhwerk ist jedoch für alle Wanderungen empfehlenswert. Die meisten Wanderwege im Odenwald werden von den Wegemeistern des Odenwaldklubs betreut. Immer wieder werden wir auf ihre Markierungen stoßen und uns ein Stück des Weges an ihnen orientieren können. Meist handelt es sich dabei um die Rundwanderwege von den Parkplätzen des Naturparks Bergstraße-Odenwald, welche immer mit gelben Zahlen in einem gelben Kreis markiert sind. Teilweise treffen wir auch auf örtliche Wanderwege der Gemeinden, welche dann meist mit den Anfangsbuchstaben der Gemeinde und einer Zahl in einem weißen Kreis markiert sind.

Alphabetisches Ortsverzeichnis wichtiger Orte

ODENWALDKLUB e. V.

Der ODENWALDKLUB e. V. hat zur Zeit rund 20 000 Mitglieder in den 4 Bundesländern Hessen, Baden-Württemberg, Bayern und Rheinland-Pfalz, organisiert in 125 Ortsgruppen, zwischen Frankfurt im Norden, Bruchsal im Süden, Wachenheim im Westen und Wertheim im Osten. Sein Verbreitungsgebiet reicht somit weit über den Odenwald hinaus.

Gegründet wurde der ODENWALDKLUB e. V. am 8. Januar 1882 in Zipfen bei Lengfeld. Zielsetzung war und ist bis heute: „den Besuch des Odenwalds zu erleichtern und annehmlicher zu machen", aber ebenso „die Kenntnis des Gebirges in naturwissenschaftlicher, historischer und topographischer Beziehung zu fördern", wie es in der Präambel aus der Gründerzeit bereits formuliert wurde.

Nach wie vor liegt hierin das zentrale Anliegen des Vereins: Das Wandern als Naturerfahrung zu pflegen und durch Anlage, Unterhaltung und Markierung von Wanderwegen für jeden zu erleichtern, für den Erhalt unserer Umwelt durch das Engagement im Landschafts- und Naturschutz einzutreten, sowie regionales Brauchtum und Heimatkunde zu fördern.

Drei Wanderheime – in Dorndiel mit 36 Betten und zwei Wanderheime in Lautertal-Knoden mit je 18 Betten – stehen unseren Mitgliedern sowie interessierten Gruppen für Freizeiten und Seminare zur Verfügung.

Die Verbindung von Vereinsabsichten und freier Jugendarbeit wurde durch Schaffung der selbständigen, vereinsübergreifenden Jugendorganisation der Deutschen Wanderjugend im ODENWALDKLUB e. V. erreicht.

Die 1913 gegründete Klubzeitschrift „Unter der Dorflinde im Odenwald" erscheint vierteljährlich und enthält neben Beiträgen zum Vereinsgeschehen eine breite Palette von Informationen über den Odenwald. Geschichtliches und Heimatkundliches wird hier ebenso behandelt wie Fragen des Natur- und Landschaftsschutzes.

Durch die Tätigkeit der Ortsgruppen wird eine regionalgerechte Erfüllung der Aufgaben des Vereins erreicht, so daß Schwerpunktsbildung die Vielfalt des Vereinslebens bestimmen, das neben dem Wandern, durch Natur- und Landschaftsschutz sowie durch Brauchtums- und Trachtengruppen geprägt, durch Musizieren und Singen bereichert und durch das traditionelle Engagement im Denkmalschutz geformt wird.

Schon 1889 wurde das farbige Wegemarkierungssystem von Ludwig Seibert entwickelt, das im Wesentlichen heute noch besteht, 1891 erschien die erste Wanderwegekarte des Vereins.

Das Wanderwegenetz des ODENWALDKLUB e. V. umfaßt zur Zeit 5 678 Kilometer an markierten Durchgangswanderwegen. Dazu kommen die 2 360 Kilometer Rundwanderwege des Naturparks Bergstraße-Odenwald und die 1 200 Kilometer Radwanderwege der Landkreise Darmstadt-Dieburg und Offenbach. Dies gesamte Wegenetz wird von zur Zeit 235 ehrenamtlich tätigen Wegewarten betreut.

Durch enge Zusammenarbeit mit den Landesvermessungsämtern und den Naturparks Bergstraße-Odenwald und Neckartal-Odenwald wird sichergestellt, daß die markierten Wege in ihrem Streckenverlauf in die amtlichen Karten im Maßstab 1 : 50 000 aufgenommen werden und damit allen Wanderern zwischen Rhein, Main, Tauber und Kraichgau zur Verfügung stehen.

Die markierten Wanderwege sollen sowohl den fremden als auch den einheimischen Wanderern die Landschaft in ihrer Eigenart und Schönheit zugänglich machen. Die Markierung von Wanderwegen ist gleichzeitig ein Beitrag zum Natur- und Landschaftsschutz: empfindliche Landschaftsteile können umgangen werden. In Zusammenarbeit mit Forstbehörden und den Naturschutzebenen werden notwendige Freiräume für Tier- und Pflanzenwelt ausgespart. Wer wandert und die Augen offenhält, wird empfänglich für Natur und ihren Schutz.

Aktivitätenkatalog des ODENWALDKLUB e. V. zum Nutzen der Mitglieder in den Ortsgruppen

Wanderwege
> Wegemarkierung
> Erhaltung des Betretungsrechtes des Waldes bzw. der Naturschutzgebiete auf markierten Wanderwegen
> Erhaltung des Wegerechtes
> Wanderwegeänderung bei erforderlichen Umgehungsmaßnahmen z. B. bei ökologisch wichtigen Gebieten und bei Straßenbau
> Wegemarkierung für Naturparks, Behörden und Kommunen
> Erlangung öffentlicher Zuschüsse für die Wanderwegemarkierung

Preisgünstige Wanderkarten des Klubgebietes
> Mitgestaltung amtlicher Wanderkarten

Naturschutz
> anerkannter Verband nach § 29 des BNatSchG (über die Landesverbände Hessen, Bayern, Rheinland-Pfalz und den Landesnaturschutzverband Baden-Württemberg)
> Stellungnahmen zu Planungen mit Natureingriffen
> Mitarbeit bei naturschutzrechtlichen Verfahren und der Erstellung von Verordnungen
> Mitarbeit in den Naturschutzbeiräten der Naturschutzbehörden auf allen Ebenen

Wandern
> Wanderberatung – speziell auch für Jugend und Senioren
> Führung von Ferienwanderungen
> Fortbildungslehrgänge für alle Wanderer

Jugendarbeit
> Förderung der Jugendarbeit durch Lehrgänge etc.

Kulturarbeit
> Brauchtum-, Heimat- und Mundartpflege
> Volkstanz und Trachtenpflege
> Einbeziehung historischer Details bei Wanderungen
> Organisation von Ausstellungen
> Fotoarchiv mit über 6 000 Fotos für gezielte Ausstellungen

Vereinszeitschrift
> Abonnement im Mitgliedsbeitrag inbegriffen

Drei Wanderheime
> kostengünstige Benutzung für Mitglieder

Aus- und Weiterbildungsseminare
> Wanderführerlehrgänge, Naturschutzseminare, Volkstanzkurse etc.

Interessenvertretung
> bei Behörden, Dienststellen, Presse etc.
> sowie Kontakte zu anderen Dachverbänden, Landes- und Bundesebene

Rechtsfragen
> Klärung und Beratung hinsichtlich Wander-, Wege- und Satzungsrecht etc.

Fachliteratur
> Mitarbeit bei Heimatkunde, Wandern, Naturschutz etc.

Freundschaftliche Verbindungen mit allen Gebietswandervereinen
> Erfahrungsaustausch OWK intern – sowie europaweit (z. T. mit Anerkennung der gegenseitigen Mitgliedschaft auf Basis von Kostenreduzierung

Steuerersparnisse durch Gemeinnützigkeit

Bibliothek
> mit Wanderliteratur, Heimatkunde, Naturschutz etc.

Geschäftsstelle
> Ansprechpartner für alle Vereinsfragen
> Heimverwaltung
> Koordination von Veranstaltungen
> Ausführung von Weiterbildungs-Seminaren
> preisgünstiger Material-Verkauf z. B. von Wanderkarten, Büchern etc.

Zu den Autoren

Katja Kern und Arne Kertelhein zogen nach dem Studium von Geschichte, Kunstgeschichte und Pädagogik aus Hamburg an den Rand des Odenwalds. Seit Jahren sind beide im Odenwälder Freilandmuseum tätig, wo sie neben der Inventarisierung der Lagerbestände auch für die pädagogische Betreuung der vielen Schulklassen zuständig sind.

Sie veröffentlichten bereits manchen Artikel in Fachzeitschriften und hielten an der Volkshochschule Vorträge und Seminare zu historischen Themen, wie etwa dem Nibelungenlied. Während sich Arne Kertelhein hauptsächlich mit Alltags- und Agrargeschichte befaßt, steht für Katja Kern meist die Architektur im Mittelpunkt des Interesses.

Der Odenwald mit seinen vielen Zeugnissen der Vergangenheit wurde schnell zu einem gern besuchten Ausflugsziel und ist Katja Kern schon aus der Kindheit an der Bergstraße von vielen Wanderungen mit ihren Eltern bekannt.